Anonymus

Denkwürdigkeiten aus dem Leben des Königl. Preuß. Generals von der Infanterie

Anonymus

Denkwürdigkeiten aus dem Leben des Königl. Preuß. Generals von der Infanterie

ISBN/EAN: 9783741170270

Hergestellt in Europa, USA, Kanada, Australien, Japan

Cover: Foto ©ninafisch / pixelio.de

Anonymus

Denkwürdigkeiten aus dem Leben des Königl. Preuß. Generals von der Infanterie

Denkwürdigkeiten

aus dem Leben

des

Königl. Preuß. Generals von der Infanterie

Freiherrn

de la Motte Fouque.

In welchen zugleich

dessen merkwürdiger Briefwechsel

mit

Friedrich dem Zweiten

enthalten ist.

Zweiter Theil.

Berlin,
bei Fr. Lagarde. 1788.

Den 30ften Jul. 1759 zog der General Fouque sein Corps bei Conradswalde zusammen, um damit den Posten bei Landshut wieder zu besetzen.

Da der österreichsche General Wolfersdorf mit neun Bataillons Infanterie und fünf Eskadrons Dragoner und Husaren bei Königshayn, ohnweit Schatzlar, stand: so nahm sich der General Fouque vor, denselben zu überraschen.

Er brach zu dem Ende den 31sten Jul. in der Nacht um 11 Uhr mit seinem Corps auf, und rückte in drei Kolonnen gegen den Feind an, der bei seiner Annäherung die Flucht nahm, wobei das ganze feindliche Lager, viele Bagage und Pferde, nebst zweihundert Maulthieren erbeutet, und vom flüchtigen Feinde beinahe zweihundert Mann gefangen, auch eine beträchtliche Anzahl niedergemacht wurden.

Nach dieser glücklich vollendeten Unternehmung bezog der General Fouque das Lager im Posten bei Landshut; die von der Armee des Königs und aus Neisse erhaltenen Verstärkungen gingen wieder ab, und er mußte daher seine Maßregeln bloß auf die Vertheidigung des Postens einschränken, dessen Behauptung der König ihm angelegentlichst empfohlen hatte.

In dieser Lage blieb der General Fouque bis gegen Ende des Oktobermonats, ohne daß was erhebliches bei seinem Corps vorfiel.

Durch Wachsamkeit und meisterhafte Vorkehrungen wußte er die Entwürfe der feindlichen Heere zu vereiteln, die während dieser Zeit gegen ihn Bewegungen machten.

Der König, sobald er die Nachricht von der verlornen Schlacht bei Züllichau, und von der Annäherung der Russen erhielt, die bereits bei Frankfurt über die Oder gegangen waren, und sich daselbst verschanzten, entschloß sich, ihnen sogleich selbst eine Schlacht zu liefern.

Er brach also den 30sten Jul. mit ein und zwanzig Bataillons und drei und dreißig Eskadrons aus dem Lager von Schmottseifen auf, vereinigte sich den 4ten August mit der Wedelschen-Armee bei Mühlrose, ging den 11ten bei Lebus über die Oder, und griff den 12ten, nachdem er im Angesicht des Feindes verschiedene Bewegungen gemacht hatte, um 11 Uhr den rechten Flügel der russischen Armee an.

Alle Redouten, die das Dorf Cunersdorf deckten, wurden nach und nach weggenommen, und nach einem fünfstündigen sehr hartnäckigten Gefechte war er in dem Besitz von zwei und siebenzig feindlichen Kanonen.

Vielleicht hätte er wohl gethan, wenn er, mit diesem Vortheil zufrieden, sich der Geschichte des großen Conde bei Senef erinnert hätte.

Ohne Zweifel bestimmte die Lage, in der er war, seinen Entschluß; es mußte ein entscheidender Streich ausgeführt werden, und der günstigste Augenblick dazu war vorhanden. Kurz, das Glück schien auf seiner Seite zu seyn, und in dieser vortheilhaften Lage schrieb er, wie man sagt, folgendes Billet an die Königin:

„Wir haben die Russen aus ihren Ver„schanzungen gejagt, und in zwei Stun„den wird, wie ich hoffe, der Sieg vollen„det seyn.

Allein diese Hofnung schlug fehl. Der General Soltikow sammlete seine Truppen hinterm Dorfe Cunersdorf. Es erhob sich ein neues Gefecht; die Russen wurden genöthigt, sich bis an ihre letzte Redoute zurück zu ziehen, hinter der das Laudonsche Corps zu ihrer Unterstützung aufmarschirt war.

Die vortheilhafte Stellung des Feindes, steile Anhöhen, die bestürmt werden mußten, und das eingeschränkte Terrain machte alle Angriffe, die der König selbst anführte, fruchtlos.

Die Truppen waren durch eine sechsstündige Arbeit ermüdet, durch die ausserordentliche Sonnenhitze des Tages abgemattet, und ausser Stande, dem Angriff vordringender frischer Truppen zu widerstehen.

Der König sah sich also genöthigt, die bereits erfochtenen Vortheile fahren zu lassen, und das Schlachtfeld zu räumen. Er nahm mit seiner Armee den Rückzug durch das Defilee bei Bischoffsee, und ließ sie auf die dominirenden Anhöhen wieder aufmarschiren.

Man sagt, der König habe noch denselben Abend an die Königin folgendes geschrieben:

„Ich habe einen Coup gewagt, der mir
„fehlgeschlagen ist; aber der Schaden ist
„nicht unheilbar. Ich hoffe bald wieder
„im Stande zu seyn, meinen Feinden auch
„einmal die Spitze bieten zu können; dem,
„ohngeachtet rathe ich Ew. Majestät, Sich
„von Berlin zu entfernen."

Den 13ten früh zog sich der König in sein voriges Lager bei Etscher zurück; um 4 Uhr des Nachmittags ging er über die Oder, um sein Lager auf den Anhöhen bei Rentwein und Polenzig zu nehmen; und den 15ten rückte er wieder vor, und setzte sich bei Wablitz, ohnweit Fürstenwalde. In dieser Stellung nahm er alle Kräfte seines erhabenen Geistes zusammen, um den Schaden zweier unglücklichen Schlachten wieder gut zu machen.

Die Unthätigkeit seiner Feinde kam ihm dabei zu statten, und da er wieder marschfertig war, ging er durch die Lausnitz nach Schlesien, wo er die Russen verhinderte, Glogau zu belagern, und sie nöthigte, nach Pohlen zurück zu kehren, wie man aus dem Verfolg des Briefwechsels mit mehrerm ersehen wird.

Schreiben des Königs.

Linderode bei Sorau, den 20. Sept. 1759.

Mein Freund! Mein Bruder hat zwölftausend Oesterreicher durchgelassen, die sich bei Christians, stadt mit den Russen vereinigt haben.

Sie wollen Glogau belagern, und ich eile gleichsam in vollem Fluge dahin, um es zu verhindern; aber ich bin schwach, habe nur vier und zwanzigtausend Mann; Leute, die zweimal geschlagen sind. Sie verstehn mich!

Ich weiß weder wo Sie sind, noch in was für einer Lage Sie Sich befinden. Wenn es angeht, so schicken Sie mir Hülfe, der Trupp kann auf Priebsmost marschiren.

Ich werd' es nicht leiden, daß man Glogau belagere; ich will mich lieber schlagen, es koste was es wolle. Das ist die Denkart der alten Ritter, und auch die meinige. Morgen bin ich jenseits Sagan, und übermorgen bei Glogau.

Antworten Sie bald, mein Freund, und beschleunigen Sie ja den Marsch der Hülfstruppen.

Leben Sie wohl! ich umarme Sie.

Friedrich.

Schreiben des General Fouque.

Landshut, den 22. Sept. 1759.

Ew. K. M. gnädigstes Schreiben vom 20sten dieses Monats hab' ich erhalten.

Vom Feinde stehn mir gegenüber: der General Harsch bei Trautenau, und Jahnus bei Schatzlar; deren Corps zusammen ohngefähr noch einmal so stark sind, als das Meinige.

Den Posten von Hirschberg hab ich mit fünf Bataillons und vier Eskadrons besetzt; wovon Morgen mit Anbruch des Tages der General Meyer mit einem Bataillon von Buddenbrock, zwei Bataillons von Kalckstein und zwei Eskadrons Dragoner von Bayreuth nebst zwei zwölfpfündigen Kanonen aufbrechen, und seinen Marsch über Goldberg, Heynau und Bolckewitz dergestalt beschleunigen wird, daß er wo möglich in drei Märschen zu Priedemost, eintreffen könne.

In Hirschberg bleiben also noch ein Bataillon le Noble, ein Bataillon Lattorf und zwei Eskadrons Husaren von Werner stehen.

Der Prinz Heinrich hat von dem hiesigen Corps noch ein Bataillon von Unruh, zwei Eskadrons Dragoner von Bayreuth und eine Eskadron Husaren von Werner bei sich.

Das Regiment von Mosel befindet sich in Neisse, mithin bleiben noch funfzehn Bataillons, sechs Eskadrons Dragoner, und sieben Eskadrons Husaren allhier stehen.

Ew. K. M. werden also einzusehen geruhen, daß ich, ohne den hiesigen Posten in Gefahr zu setzen, ein mehreres zu detaschiren nicht im Stande bin.

L. M. Fouque.

Schreiben des Königs.

Bonau, den 25. Sept. 1759.

Ich denke, mein Lieber! daß die drei Bataillons und zwei Eskadrons Dragoner die Sie mir unter Kommando des General Meier geschickt haben, wie auch die sechs Bataillons und hundert Husaren, die mein Bruder Detaschirt hat, morgen früh zu der hiesigen Armee stoßen werden.

Uebrigens kann ich Ihnen melden, daß der Feind gestern sich zwischen Freystadt und Neu Salze hingezogen hat. Er ist mit einem großen Schwarm Kosacken zu Beuthen angekommen, und die Oesterreicher haben sich mit ihren zehn Regimentern Kavallerie, uns gegen über, dicht vor ein Defilee postirt.

Ich habe mein Lager hier bei Bonau genommen, und bin die ganze Nacht hindurch unterm Gewehr geblieben.

Mit dem Anbruch des Tages rekognoscirte ich den Feind, und sah die feindlichen Generals ebenfalls auf Entdeckungen ausgehen, die ſich nachher ſachte zurück begaben.

Eine Stunde nachher, ließ der Feind ſeine Zelter aufſchlagen, daher für heute wohl kein Angriff zu erwarten ſteht.

Erfährt er nun noch; daß ich morgen Verſtärkung erhalte: ſo iſt wohl zu vermuthen, daß alsdann noch weniger was ſonderliches vorfallen wird.

Friedrich.

Ihr geſchlagener und gemißhandelter Diener, hat mit ein und zwanzigtauſend Mann eine Armee von funfzigtauſend abgehalten, ihn anzugreifen, und hat ſie genöthiget ſich auf Neu-Satz zurück zu ziehn.

Wir haben hier einen guten Poſten, aber nur eine einzige Linie, ihn zu beſetzen. Morgen kommt der Succurs hier an.

Friedrich.

Schreiben des Königs.

Im Lager bei Bonau, den 26. Sept.

Der gestrige Tag war kritisch, mein lieber Freund! der Feind hatte den 23sten sein Lager bei Freistadt aufgehoben, und war auf Neustädel marschirt.

Ich setzte mich sogleich in Bewegung, um meine Stellung dergestalt zu nehmen, daß ich ihm die Zugänge von Neustädel und Beuthen versperren könnte.

Die ganze Armee von vier und zwanzigtausend Mann postirte sich noch denselben Abend um sieben Uhr.

Der Feind hatte sich wirklich mit seiner ganzen Macht gegen das Defilee zwischen Röhl und Keltsch hingezogen. Ihre Kosacken und Husaren, dreitausend Mann stark, waren nach Beuthen marschirt, und den 25sten des Morgens waren alle diese Truppen in Bewegung.

Die Generale kamen uns zu rekognosciren, und wahrscheinlich dünkte ihnen unsre Stellung vortheilhaft, aber sie hatten nicht Lust sich den Kopf zu zerbrechen, indem sie sich sachte zurückzogen, und ihr Lager in der Art nahmen, daß sie mit ihrem linken Flügel gegen Altschau und mit dem rechten gegen Röhl zu stehen kamen.

Gestern Abend meldete man mir, daß ein großer Theil ihrer Truppen über die Oder ginge; aber bis jetzt sieht man noch ihre Wachtfeuer.

Heute wird die Verstärkung hier eintreffen, und ich warte nur auf Nachricht vom Feinde, um die wirksamste und sicherste Maßregeln nehmen zu können, diese infame Mordbrenner zu nötigen; das Land zu räumen.

Ich vermuthe, daß sie nicht Lust haben, sich in ein Treffen einzulassen, welches sich bald ausweisen muß.

In diesem Fall würde man, und zwar von beiden Seiten der Oder, auf Parthie ausgehn, das Lager aber gut verschanzen müssen, um die Detaschirungen ohne Gefahr machen zu können.

So stehen jetzt unsre Sachen mein Lieber Freund! da ich nun wieder einige gute Truppen habe, fürchte ich ganz und gar nichts.

Ich hatte meine besten Truppen nach Sachsen detaschirt, der Feldzug neigte sich bei Guben zu Ende, die Russen waren im Begriff abzuziehn; ists also nicht das unglückselige Detaschement der zehn Regimenter von der Daunschen Armee die dazu kommen, und einige Verräthereien, die sich denken lassen, was diese Elenden bewog, sich zur Belagerung von Glogau zu entschließen?

Diese Absicht ist ihnen, glaub' ich, fehlgeschlagen; jetzt kommt es aber noch darauf an, das platte Land der Verheerung zu entziehen, der es ausgesetzt ist.

Gestern haben diese Kanaillen zwei Dörfer vor unsern Augen verbrannt, ohne daß man es verhindern konnte.

Kurz ich werde nichts verabsäumen, und Sie können versichert seyn, daß ich alles, was von mir abhängt, anwenden werde, dieser Geschichte so geschwind als möglich ein Ende zu machen. Das ist aber nicht so leicht, als man wohl denken sollte.

Leben Sie wohl, mein lieber Freund! ich umarme Sie von ganzen Herzen.

Friedrich.

Schreiben des General Fouque.

Laudshut, den 27. Sept. 1759.

Ein und zwanzigtausend Mann, und Ew. K. M. machen zwei und vierzigtausend; rechnen Sie hierzu neun Bataillons Verstärkung! dies zusammen hält das Gleichgewicht mit der feindlichen Armee von funfzigtausend Mann.

Sie haben ein gutes Lager, Sire! Ihr Magazin hinter sich, und in der Nähe. Es ist also nicht warscheinlich, daß sie Sie angreifen werden; vielmehr werden sie wieder über die Oder gehen, und sich nach Pohlen zurück ziehen müssen, um sich ihren Magazinen zu nähern.

Auf diesen Fall wird Laudon sich von Ihnen trennen, welches Ew. K. M. mancherlei Vortheile verschaffen könnte.

Harsch hat nach und nach etliche Bataillons nebst einiger Sächsischen Kavallerie durch Arnau und Hochstädt detaschirt, die nach Sachsen gehende Zufuhre zu bedecken.

L. M. Fouque.

Schreiben des General Fouqué.

Landshut, den 27. Sept. 1759.

Denen aus Löwenberg, Schmiedeberg und Hirschberg eingehenden Nachrichten zufolge, soll das Beck'sche Corps bis Böhmisch-Friedland vorgerückt seyn, welches auch die einkommenden Deserteurs bestätigen. Der Oberste le Noble, der mit drei Bataillons und zwei Eskadrons Husaren bei Hirschberg steht, fügt noch hinzu, daß bei Greifenberg ebenfalls ein feindliches Corps eingetroffen, und auch Bartelsdorf jenseits Hirschberg besetzt sei.

Ich werde den Obersten Le Noble noch mit einem Bataillon verstärken. Ein mehreres kann ich von hieraus nicht detaschiren, weil ich sonst den hiesigen Posten zu sehr entblößen würde.

L. M. Fouqué.

Schreiben des Königs.

Den 28. Sept.

Ihre Briefe vom 27ſten dieſes Monats hab' ich erhalten. Die Sachen ſtehen jetzt ſo, daß wenn Sie auf einer Seite ein Loch zuſtopfen, ſo machen Sie auf der andern ein größeres. Schreiben Sie mir doch, ob der Oberſte le Noble Kavallerie bei ſich hat.

In meiner jetzigen Lage kann ich fünfhundert Pferde, aber nicht einen einzigen Mann Infanterie miſſen.

Können Sie die fünfhundert Pferde brauchen, ſo will ich ſie Ihnen ſchicken.

Sagen Sie nur dem Oberſten le Noble, daß er von Hirſchberg aus geradezu an mich ſelbſt ſchreiben ſoll, damit ich von dem, was da vorgeht, um ſo eher Nachricht erhalte.

Von hier kann ich Ihnen vor der Hand nichts ſchreiben, weil ich noch nicht alle meine Maßregeln genommen habe,

Alles, was ich Ihnen sagen kann, besteht darin, daß die beiden Armeen so viel Defileen vor sich haben, daß sie sich einander nicht viel anhaben können.

Ich werde hier wohl alles mögliche versuchen, dem Feinde einigen Vortheil abzugewinnen, ob ich gleich voraussehe, daß dies sehr schwer halten wird.

Den Laudonschen Regimentern hat es, wie man sagt, schon seit drei Tagen an Brod gefehlt; aber was thut ihnen das! Wenn sie kein Brod haben, so richten sie eine desto größere Niederlage unterm Schlachtvieh an.

Friedrich.

Schreiben des Königs.

Den 21. Sept.

Die Barbaren stehen mir noch gegenüber. Ich denke ihnen einen guten Streich zu spielen. Gelingt er mir, so werden sie sich sehr geschwind aus dem Staube machen.

Ich gestehe Ihnen, daß ich mit großer Ungeduld ihrer Entfernung entgegen sehe, nicht meinetwegen, sondern um des armen Landes willen, das sie durch Mordbrennereien verwüsten.

Ich werde Ihnen alles melden, was hier vorgeht. Schreiben Sie mir, mein Lieber! wie es Ihnen geht, und wie es in der Gegend von Görlitz aussieht.

Leben Sie wohl! ich umarme Sie.

Friedrich.

Schreiben des Königs.

Den 28. Sept.

Ich erhalte die Nachricht, mein lieber General! daß Beck, der mit einem Corps von funfzehn bis achtzehntausend Mann bei Marklissa stand, nach Glogau zu gehen willens ist. Da ich nicht weiß, ob in der Gegend von Neisse etwas vom Feinde steht oder nicht, so ziehen Sie im letztern Fall nur das Regiment von Mosel an sich, alsdann Sie den Posten von Hirschberg mit zwei Bataillons verstärken können.

Sehen Sie doch zu, ob es nicht möglich ist, den Beck aufzuhalten. Da ich nur sieben Regimenter Kavallerie habe, so kann ich meiner Seits, ausser den beiden Eskadrons, die Sie mir geschickt haben, nicht mehr als dreihundert Pferde missen. Im Fall der General Beck in Ihrer Gegend einbringen wollte, so müssen Sie suchen seine Arrieregarde zu beunruhigen, und seine Bagage aufzuheben, um ihn dadurch in seinem Vorhaben aufzuhalten.

Sie können leicht denken, daß dieser neue Vorfall mich sehr verlegen macht, indem es mir unmöglich ist, von hieraus etwas zu bewerkschiren.

Es ist also um so nothwendiger, daß Sie das Regiment von Mosel aus Neisse an sich ziehen, welches allenfalls bald wieder dahin zurückkehren kann.

Ich werde Ihnen auch den General Meyer mit sechshundert Pferden geradezu nach Hirschberg schicken. Da aber dieser General sich nicht gut zum Befehlshaber schickt, so müssen Sie ihn einem andern untergeben.

Sollte aber Beck schon dort vorbei nach Glogau zu marschirt seyn, so schicken Sie mir das Hirschbergsche Corps hierher. Ich werde es zu verstärken, und dadurch den Beck von Glogau zurück zu halten suchen.

Friedrich.

N. S. Ich vernehme, daß Beck nach Glogau marschiren will; Sie sehen die Folgen davon wohl ein. Bedenken Sie, wie es meiner Armee ergehen würde, wenn er von hinten, und die andern von vorne kämen. Beck hatte bei Zittau nur zehntausend Mann; ich weiß nicht, ob Harsch ihn verstärkt hat oder nicht

Schreiben des General Fouque.

Landshut, den 28. Sept. 1759.

Die feindlichen Generale, Harsch und Jahnus, stehen noch bei Schatzlar und Trautenau. Sie haben drei Regimenter Infanterie, nämlich Toskana, Bayreuth und Würtzburg, nach der Oberlausnitz detaschirt. Einige Nachrichten besagen, daß sie wieder zurückkommen würden; andere hingegen, daß sie zu dem Beckschen Corps gestoßen wären, welches annoch bei Böhmisch-Friedland steht, und seine Patrouillen bis Greifenberg und noch weiter bis ins Gebürge schickt. Dieses Corps besteht aus sechstausend Panduren, dem Infanterieregiment Luzani, einem Bataillon Freiwillige, zwei Regimentern Dragoner, einem Regiment Kürassier, und einem Regiment Husaren.

L. M. Fouque.

Schreiben des General Fouqué.

Landshut, den 29. Sept. 1759.

Ew. K. M. Ordres vom 28sten dieses Monats erhalte ich beim Schluß meines vorigen hier beiliegenden Berichts, auf dessen Inhalt ich mich beziehe.

Da ausser den in Oberschlesien herumstreifenden feindlichen Parteien, sich in Altstadt, Goldenstein und der Gegend noch sechs Bataillons Infanterie nebst einiger Kavallerie und Husaren befinden, die so nahe nach Neisse als nach Glatz haben, so trage Bedenken, das ganze Regiment von Mosel an mich zu ziehen, und werde daher nur ein Bataillon davon kommen lassen; indessen schick' ich sogleich den General Goltz mit einem Bataillon und zwei Eskadrons Husaren von hier zur Verstärkung nach Hirschberg, daß also der dortige Posten mit vier Bataillons und zwei Eskadrons Husaren besetzt seyn wird.

Wollten Ew. K. M. die zum hiesigen Corps gehörende zwei Eskadrons Dragoner von Bayreuth und eine Eskadron Husaren von Werner noch dahin schicken: so würde genug Kavallerie daselbst seyn.

Der General Goltz wird dem Feinde daselbst so viel als möglich Abbruch zu thun suchen, und E. K. M. von allem Rapport abstatten.

L. M. Fouque.

17. S. Ich schicke den Jäger, der mir Ew. K. M. Schreiben überbracht hat, an den General Goltz nach Hirschberg, von wo er Ihnen zuverläßige Nachrichten von den Bewegungen des Beckschen Corps wird bringen können. Ich glaube, daß ihm die Lust wohl vergehn wird, weiter vorzubringen,

Schreiben des General Fouque.

Landshut, den 2. Okt. 1759.

Ew. K. M. wünsche ich zu dem Abmarsch der Russen von Herzen Glück! Dem General Laudon wird nun vermuthlich sein Rückmarsch etwas theuer zu stehen kommen.

Den vom General Goltz erhaltenen Nachrichten zufolge, steht der General Beck mit seinem Corps noch bei Marklissa und Görlitzheim; soll aber, nach der Aussage eines zu Hirschberg angekommenen Deserteurs, Befehl haben, sich stündlich marschfertig zu halten.

Ew. K. M. überschick' ich hierbei einige, durch ausgeschickte Expressen, erhaltene Nachrichten. Obgleich die Boten zum Theil im Lager und in Trautenau selbst gewesen sind; so sind doch ihre Anzeigen sehr verschieden.

Sollt' es sich indeß bestätigen, daß ein feindliches Corps nach Oberschlesien marschirte: so würd' ich verlegen seyn, theils die Garnison von Neisse zu verstärken, theils den Posten von Warta mit drei oder vier Bataillons zu besetzen, weil der Feind sowohl auf der einen als der andern Seite etwas unternehmen könnte.

Wenn übrigens Ew. K. M. die Ihnen überschickten drei Bataillons wieder missen können: so stell' ich's Ihrem Gutbefinden anheim, sie mir zurück zu schicken.

L. M. Fouqué.

Schreiben des Königs.

Zerbau bei Glogau, den 5. Okt. 1759.

Ich habe Ihren Bericht vom 2ten dieses Monats erhalten, und stehe nicht an, Ihnen die Absichten des Feindes zu erklären.

Laudon deckt den Marsch der Russen; sobald diese fort sind, wird er sich längs der schlesischen Grenze bis Oppeln und Ratibor vorziehen, um die Belagerung von Neisse vorzunehmen; und ein anderes Corps, welches aus der Gegend von Weidenau oder Jägerndorf kommen soll, wird zu gleicher Zeit nach der Grafschaft Glatz marschiren.

Dieses Vorhaben zu unterbrechen, werd' ich sogleich ein Corps Kavallerie nach Kosel schicken, um die daselbst befindlichen Panduren zu verjagen; wohin auch die von Ihnen erhaltenen drei Bataillons, nebst den sechs Bataillons, die mir mein Bruder geschickt hat, folgen sollen.

Ich bin auch willens, in die Stelle einiger Ihrer dortigen Bataillons und des bei Hirschberg befindlichen Detaschements, ein Corps von meiner Armee dahin zu schicken. Ueber die in der Gegend von Landshut zurückbleibenden Truppen soll der General Goltz das Kommando übernehmen.

Ihnen werd' ich das Kommando über das nach Oberschlesien bestimmte Corps geben; und, was mich betrift, so werd' ich mit ohngefähr dreizehntausend Mann nach Sachsen marschiren.

Wenn von dem Corps des General Harsch sich in der Folge etwas der Gegend Neisse nähern sollte; so kann Goltz immer mehr und mehr gegen Schweidnitz detaschiren. Ihrer Seits aber müssen Sie noch bestimmtere Briefe von mir abwarten, denn dieses sind nur so meine vorläufigen Gedanken.

Mein Bruder hat mich unterm 26sten des vergangenen Monats benachrichtiget, daß der General Wehla bei Hoyerswerda gefangen, und sein ganzes Corps zerstreuet worden ist.

Laudon hat sich hier in der Gegend von Ratlau hinter den Wald und hinter ein breifa= ches Defilee postirt.

Die Russen ziehen sich nach Pohlen zurück. Sechstausend Mann sind mit einem Theil ihrer Bagage schon daselbst angelangt, und heute marschirt noch ein Corps von ihrer Armee; aber noch kann ichs nicht bestimmen, wie viel Märsche sie machen werden.

Diejenigen Truppen, die ich Ihnen nach Schlesien hinschicken werde, sollen in drei Tagen bei Breslau eintreffen, in sechs Tagen werden sie in Neisse, und den siebenten Tag in der Gegend von Oppeln seyn, um die Brücken abzuwerfen, damit der Feind nicht herüber kommen kann. Den achten Tag werden sie das feindliche Corps bei Kosel angreifen, und wegjagen, wozu die dortige Garnison nicht stark genug ist.

Das von hier nach Hirschberg gehende Detaschement soll in drei Tagen daselbst eintreffen, die dortigen Bataillons abzulösen.

Uebrigens schicken Sie mir doch baldmöglichst eine Liste von den unter Ihrem Kommando stehenden Regimentern und Bataillons. Ich bin ꝛc.

Friedrich.

Da haben Sie, mein lieber Freund! ein kleines Raisonnement über die jetzigen Umstände. Der Feind ist mein Kompas, ich muß mich nach seinen Bewegungen richten. Ich glaube, daß er morgen, oder spätstens übermorgen sich nach Pohlen auf den Weg machen wird; alsdann werde ich Ihnen bestimmter schreiben, was ich thun werde. Die Sachen mögen indessen gehen, wie sie wollen, so halten Sie Sich gefaßt, das Kommando in Oberschlesien zu übernehmen. Sie sind der würdigste, dem ich es übertragen kann.

Ich werde von hier ohngefähr neun vollständige Bataillons, zehn Eskadrons Husaren und zehn Eskadrons Kavallerie geraden Weges dahin schicken; hernach werde ich den ganzen Posten von Hirschberg durch meine Truppen ablösen lassen; und Goltz, der nach Landshut geht, wird Ihnen ein eben so starkes Detaschement zusammenbringen, welches nach Neisse marschiren soll, von wo sie noch, sobald Sie vorrücken, das Regiment von Ramin an sich ziehen können, daß Sie also achtzehn oder neunzehn Bataillons, nebst zwanzig Eskadrons, von mir bei sich haben werden, ohne das, was ich noch an Kavalleris

bei Hirschberg und Landshut werde zurücklassen
können; denn ich wollte gerne, daß Werner mit
bei der Expedition in Oberschlesien seyn möchte,
und könnte ich seine Stelle bei Landshut durch
Rusch und Malachowsky ersetzen.

Ich werde hernach mit ohngefähr dreizehntausend Mann nach Sachsen marschiren; da ich neun und dreißigtausend Mann hier habe: so werde ich also sechs und zwanzigtausend Mann in Schlesien zurücklassen.

Leben Sie wohl, mein lieber Freund! Ich umarme Sie.

Friedrich.

Schreiben des General Fouqué.

Landshut, den 5. Okt. 1759.

Ew. K. M. gnädigstes Schreiben vom 3ten dieses Monats hab' ich erhalten, und erwarte Ihre fernern Befehle, alles ins Werk zu richten.

Ew. K. M. erhalten hierbei die Liste von dem hiesigen Corps, nach welcher sich, mit den Freibataillons und dem gestern angekommenen Bataillon von Mosel, zusammen funfzehn Bataillons hier befinden. Vier Bataillons stehen in Hirschberg, macht neunzehn.

Wenn Ew. K. M. meinen Entwurf zu genehmigen geruhen: so werd' ich bei meinem Abmarsch dem General Goltz, zu Deckung des hiesigen Postens, wenigstens neun bis zehn Bataillons zurücklassen.

So lange Harsch bei Schatzlar und Trautenau, und die zehn feindlichen Bataillons in der Gegend von Altstadt und Goldenstein stehen, muß der Posten von Warta mit drei oder vier Bataillons besetzt bleiben. Ich werd' also mit den neun Bataillons, die Ew. K. M. mir schicken wollen, überhaupt noch vierzehn Bataillons für Oberschlesien übrig behalten.

Da sowohl dem General Werner, als auch seinem ganzen Regiment, die Oberschlesischen Gegenden am besten bekannt sind, so würde es sehr gut seyn, wenn Ew. K. M. ihn mit zu dieser Expedition zu bestimmen geruhen wollten.

Der General Beck hat seinen Marsch nach Zittau genommen.

Man sagt, der General Harsch sei willens, nach Oberschlesien zu marschiren; und daß Jahnus, der noch eine Verstärkung erwartet, hier gegenüber stehen bleiben werde, welches durch den hier beikommenden Bericht von dem Bürgermeister aus Schatzlar bestätiget wird.

L. M. Fouque.

Schreiben des Königs.

Den 6. Oktober.

Der Feind wird, wie ich glaube, heute aufbrechen, und dieses wird wahrscheinlich alle unsere Bedenklichkeiten heben.

Die Russen werden ihren Weg auf Thorn nehmen, und die Oesterreicher durch Rawitz längs der Grenze marschiren.

Auf diesen Fall mache ich folgende Disposition: der General Platen bricht sogleich mit dem Regiment von Putkammer, zehn Eskadrons Kürassieren, und dem Bataillon von Budbenbrock auf, marschirt in drei Tagen bis Breslau; den vierten ist Rasttag; den sechsten bis Löwen; den siebenten wird die Brücke bei Oppeln, und den achten die bei Kraplitz abgebrochen, und die Panduren bei Kosel weggejagt.

Die Generale, Queis und Gablenz, brechen den nämlichen Tag mit acht Bataillons und zwölf Stück zwölfpfündigen Kanonen auf, einen Rasttag, und den sechsten Tag bis Neisse.

Denselben Tag geht der General Thiele mit fünf Bataillons ab, desgleichen der General

Meier mit einem Regimente Dragoner, und der General Malachowsky mit den Regimentern Rusch und Malachowsky, die zusammen sechshundert Pferde ausmachen.

Dieses Corps wird den vierten Tag bei Landshut seyn, Sie dort abzulösen. Sie nehmen sodann fünf Eskadrons von Bayreuth, das Regiment von Werner bis auf eine Eskadron, nebst den sieben Bataillons, und marschiren in drei Tagen bis Neisse.

Bei Warta darf kein Detaschement stehen bleiben. Wenn Sie ja schlechterdings dort was lassen wollen: so ist ein Freibataillon genug.

Sie können also mit Ihren sieben Bataillons in drei Tagen bei Neisse seyn, sodann über den Fluß gehn, und das zu Neustadt befindliche Corps vertreiben.

Sollte Harsch nach Oberschlesien Truppen schicken, so muß Goltz verhältnißmäßig welche nach Neisse detaschiren. Wenn nur sonst nichts dort zurück bleibt, als Jahnus bei Schatzlar, so werden die fünf Bataillons, die ich hinschicke, allenfalls den Posten von Landshut behaupten können.

Sobald Platen die Leute bei Kosel wird abgefertigt haben, können Sie Sich bei Leobschütz und Neustadt oder wo es sonst da seyn mag, mit ihm vereinigen.

Laudon wird durch Oberschlesien zurück gehen, und Harsch um ihm dabei hülfliche Hand zu leisten, Truppen nach Lübow detaschiren.

Wenn diese Leute da nichts gegen sich fänden, so möchten sie stark genug seyn, entweder die Belagerung von Kosel oder von Neisse zu unternehmen.

Ich kann noch zugeben, daß wenn nur Jahnus allein bei Schatzlar bleibt, Sie Sich des ganzen Regiments von Bayreuth bedienen können.

Ihre Hauptsache ists; dem Laudon zuvor zu kommen was nicht fehlschlagen kann; ferner die Magazine zu zerstören, wenn der Feind welche zu Troppau und Jägerndorf angelegt haben sollte, und den Laudon so sehr Sie können, zu zwacken.

Das Laudonsche Corps beträgt gegen achtzehntausend Mann, und besteht in zehn Regimentern Kavallerie, wovon drei sehr schwach sind; sieben und zwanzig Bataillons, deren fünfe nur tausend Mann ausmachen. Die übrigen Regimenter sind ohngefähr auch zu tausend Mann stark; zwölfhundert Husaren und zweitausend Kroaten. Das ists, worauf Sie ohngefähr rechnen können.

Diesen Morgen standen die Russen und Laudon noch zwischen Schlichtingsheim und Strauwasser.

Sobald ich erfahre, daß sie marschiren, und daß sie sich von einander trennen, werd' ich meine drei Kolonnen aufbrechen lassen, und Ihnen davon Nachricht geben, damit Sie den siebenten Tag bei Neisse seyn können.

Was mich betrift, so werd' ich, sobald alles von hier aufgebrochen seyn wird, meinen Weg über Bunzlau und Görlitz nehmen, um den Feldzug bei Dresden zu endigen.

Das ist alles, was ich vorerst zu thun im Stande bin. Wenn Harsch etwas detaschirt: so schicken Sie immer auf gut Glück in dem nämlichen Verhältniß von ihren Truppen nach Neisse; dann ist es Zeit, an Oberschlesien zu denken.

Leben Sie wohl, mein lieber Freund! Ich umarme Sie von ganzem Herzen.

Friedrich.

Schreiben des General Fouque.

Landshut, den 7. Okt. 1759.

Ew. K. M. Disposition und Verhaltungsbefehle vom 6ten dieses Monats hab' ich erhalten, wornach ich meine Maßregeln nehmen werde.

Da Ew. K. M. dem General Goltz ein Regiment Dragoner und sechshundert Husaren von Rusch und Malachowsky zu bestimmen geruhen, die meines Erachtens bei Hirschberg und hier im Gebürge hinreichend seyn werden: so erlauben Sie, Sire! daß ich das ganze Regiment von Bayreuth mitnehmen, und zu dem Ende die zwei Eskadrons Dragoner und eine Eskadron Husaren von Werner, die der Major Seelhorst bei sich hat, an mich ziehen darf, um so mehr, da Laudon mir an Kavallerie sehr überlegen ist.

Ein Umstand könnte sich ereignen, der mich in Verlegenheit setzen würde.

Falls Laudon sich in der Gegend von Kosel setzte, und ich mit dem Corps ebenfalls bis dort vorgerückt wäre, Harsch hingegen bei Weidenau und Zuckmantel einbringen sollte: so würd' ich, um nicht vom Magazin in Neisse abgeschnitten zu werden, mich genöthiget sehen, entweder ein Detaschement bei Oppersdorf zu postiren, oder mich mit dem ganzen Corps dahin zurück zu ziehen.

In diesem Fall würde Laudon von dieser Parthie von Oberschlesien Meister seyn.

L. M. Fouqué.

Schreiben des Königs.

Sophlenthal, den 9. Okt.

Sie begreifen nicht, mein lieber! wie die Sachen hier zusammen hängen. Laudon kann sonst nirgends als bei Oppeln oder Ratibor über die Oder gehen. Man sagt, die Kroaten legen Magazine auf dieser Seite an.

Diese Magazine müssen ruinirt oder weggenommen, die Brücken bei Oppeln und Ratibor aber, ehe Laudon da ankommt, abgebrochen werden.

Ueberdem muß man das Gesindel dort wegjagen, welches sich das Ansehen giebt, Kosel zu blokiren.

Ich habe fünf Eskadrons Husaren nach Breslau geschickt.

Ich werde Ihnen Ordre geben, nach Löwen aufzubrechen. Schicken Sie unverzüglich Wernern mit fünf Eskadrons seines Regiments dahin. Unterrichten Sie ihn aufs genaueste von den Absichten des Feindes auf Oberschlesien, und von den meinigen. Vielleicht kann er mit den zehn Eskadrons jene dreierlei ausrichten; nehmlich die Magazine wegnehmen, die Brücken abwerfen, und den Feind aus der Gegend von Kosel vertreiben.

Was mich betrift, ich kann meine Armee weder trennen, noch Detaschirungen machen, so lange die Oesterreicher und Russen noch vereinigt sind.

Sie haben ihr Lager hinter der Bartsch zwischen Mechau und Groß-Osten.

Ich warte nur auf den Augenblick ihrer Trennung; die Russen werden in wenig Tagen nach Posen zurück zu kehren, und Laudon seinen Marsch nach Oberschlesien zu nehmen genöthigt seyn. Alsdann ist es Zeit, von hier Infanterie nach Breslau zu schicken; und ich werd' ihnen nachdem immer zuvor kommen.

Mein nach Landshut bestimmtes Detaschement kann in drei Tagen daselbst eintreffen.

Wenn Sie mit Ihrem Corps gerade nach Neisse marschiren, und Sich bei Neustadt mit den Regimentern vereinigen, die ich für Oberschlesien bestimmt habe: so sind Sie jederzeit im Stande, den Laudon beim Uebergange über die Oder zu harzelliren, oder über seine Arriergarde herzufallen.

Sie müssen wissen, daß ich mit ohngefähr zweitausend fünfhundert Husaren, und dreitausend fünfhundert Mann Kavallerie den ganzen Feldzug hindurch zehn, bis zwölftausend Mann leichter Truppen, zehn österreichschen Kavallerieregimentern und der ganzen russischen Kavallerie die Spitze geboten habe; Sie können also mit zwanzig Eskadrons Kavallerie und zwei guten Husarenregimentern der Laudonschen Kavallerie, wovon drei Regimenter ganz ruinirt sind, und die übrigen entsetzlich gelitten haben, ebenfalls die Waage halten. Es kommt nur darauf an, das Terrain so zu wählen, daß die Kavallerie nicht sonderlich agiren kann.

Laudon hat nur achttausend Mann Infanterie, und seine Truppen vermindern sich täglich.

Seit fünf oder sechs Tagen haben sie kein Brod mehr, und sie werden genöthigt seyn, einen erschrecklichen Marsch zu machen, der ihnen wenigstens dreitausend Mann an Desertion kosten wird.

Hierzu kommt noch, daß die Ruhr bei seiner Armee wütet, und daß folglich Laudon durch Entkräftung und schlechte Nahrung genöthiget seyn wird, seine Truppen so schleunig als nur möglich nach Mähren zu schaffen.

Ohne sich also große Schwierigkeiten zu denken, stellen Sie Sich vielmehr eine neue Ehrenlaufbahn vor, die sich Ihnen öfnet.

Uebrigens 2c.

Friedrich.

Schreiben des General Fouque.

Laudshut, den 10. Okt. 1759.

Ew. K. M. Befehl zufolge, hab' ich heute mit Anbruch des Tages, den General Werner mit fünf Eskadrons seines Regiments detaschirt, und ihn von allem was er zu beobachten hat, umständlich unterrichtet.

Er wird seinen Marsch nach Löwen, bestmöglichst beschleunigen, sich daselbst mit denen von Breslau kommenden fünf Eskadrons vereinigen, und seine Expedition nach Ew. K. M. Befehl und Meinung auszuführen suchen.

L. M. Fouque.

N. S. Hier siehts eben so aus, wie bei Ihnen, Sire! es passirt gar nichts neues. Harsch und Jahnus stehen noch immer bei Schatzlar und Trautenau. Sie sprengen aus, daß sie nach Oberschlesien marschiren wollen, aber bis jetzt rührt sich noch nichts. Sobald sie aufbrechen sollten, werde ich sogleich die nach Neisse bestimmten drei Bataillons dahin abgehen lassen, und ich werde folgen, sobald die Verstärkung von Ew. K. M. angekommen seyn wird. Der General Beck hält sich noch in der Gegend von Zittau auf.

Schreiben des Königs.

Den 26. Okt.

Mein lieber Fouqué! gestern ist der Feind nach Bojanowa und Rawitz marschirt; Laudon und die Russen sind noch beisammen; dem allen ohngeachtet laß ich heute das Detaschement abgehen, welches den 29sten bei Landshut eintreffen wird.

Der Generalmajor Thiele marschirt heute mit seinen fünf Bataillons und den Husaren von Malachowsky, desgleichen der Generalmajor Meier mit dem Regiment von Platen, über die Brücke bei Köber, bis Rauden; den 27sten bis Liegnitz; den 28sten bis Ronstock; und den 29sten bis Landshut.

Wenn Sie den 29sten Abends mit der Infanterie aufbrechen möchten, so könnten die Regimenter von Werner und Bayreuth mit forcirten Märschen folgen; Sie dürften nur ganz in der Stille bis Reichenberg, nämlich bis zwei Meilen von Landshut marschiren, und sodann könnten Sie den 31sten dieses Monats in Neisse eintreffen.

Meine neun Bataillons stehen bei Trachenberg, von da schicke ich sie geradezu durch Brieg, von wo sie noch fünf Tagemärsche haben werden.

Laudon marschirt durch Kalisch, und Czenstochow.

Ich laß' ihn bis Wartenberg seitwärts begleiten, und zu dem Ende zehn Eskadrons Küraßiere, desgleichen den Major Podjurski mit fünf Eskadrons Husaren von hier abgehen

Sobald Laudon sich aus dieser Gegend entfernet haben wird, marschiren wir geraden Weges über Brieg auf Löwen.

Ich weiß nicht wie es zugeht, daß Laudon von Ihrem Marsche unterrichtet ist. Von hieraus hat er nichts erfahren.

Ich trau Ihrem Sekretair nicht sehr; da der Feind sich allerhand Ränke bedient: so geben Sie doch ein wenig auf sein Betragen achtung, besonders in den jetzigen Zeiten, wo man gegen alles mistrauisch sein muß.

Bei Ihrer Ankunft in Neisse werden Sie von den Generalen Queis und Gablenz, desgleichen von Bodjurski und Schmettau die Rapports erhalten. Sechzehn Bataillons ist alles, was Sie dort unten brauchen.

Die Brücke bei Oppeln hab ich abbrechen lassen, und ich weiß, daß Laudon gesagt hat: wenn der General Fouque mit bei Kosel und

Ratibor zuvor kommt, so werb' ich durch Jablunka gehen.

Werden wir es durch unsere Vorkehrungen dem Feinde unmöglich gemacht haben, eine Belagerung in Schlesien zu unternehmen: so können Sie ihn vielleicht einen Theil des Uebels empfinden lassen, das diese Leute hier durch Plündern und Mordbrennen angerichtet haben.

Es wär eben nicht zuviel, ihnen Jägerndorf und einige Dörfer, jenseits der Oppa abbrennen zu lassen; das würde sie abhalten, so viel Truppen auf unserer Grenze zu halten.

Friedrich.

Ich bin herzlich krank, mein Lieber! und das macht daß ich Ihnen nicht so ganz zusammenhängend über alles schreiben kann. Ich verlasse mich auf Ihre Klugheit.

Laudon muß fünfzehn Tagemärsche machen ehe er nach Ratibor kommt. Sie können ihm also viel zuvor kommen.

Ich umarme Sie von ganzem Herzen. Leben Sie wohl.

Friedrich.

Schreiben des General Fouque.

Landshut, den 27. Okt. 1759.

Ew. K. M. Ordres vom 28sten dieses Monats hab' ich erhalten, und daraus ersehen, daß der General Thiele mit fünf Bataillons und der General Meier mit dem Regiment von Platen den 29sten hier eintreffen werden.

Ich werde denselben Abend nach Neisse aufbrechen. Es sind bis dahin dreizehn Meilen von hier. Ich werde meinen Marsch aufs möglichste beschleunigen; da es aber etwas geschneiet hat, und täglich regnet, so zweifle ich fast, daß ich den 31sten hinkommen werde. Indeß werde so weit gehen, als ich kann.

Der General Schenckendorf wird den General Golz, der hier das Kommando übernehmen soll, bei Hirschberg ablösen.

Es bleiben bei Hirschberg vier Bataillons stehen, und der General Golz behält hier, mit denen vom General Thiele, zwölf Bataillons, desgleichen die Husaren von Malachowsky und die Dragoner von Platen.

Was das auf Löwen gehende Queißſche Corps, der neun Bataillons, nebſt den Schmettauſchen Cuiraſſieren, und Huſaren von Podjursky betrift, ſo kann ich mich mit ſelbigen, nach Maaßgabe der Nachrichten, die ich in Neiſſe von dem Marſch des General Laudon zu erhalten denke, in den Gegenden von Oppeln, Krappitz oder Koſel vereinigen.

Ich habe nicht den mindeſten Verdacht gegen die Treue meines Sekretairs; halte ihn für vorſichtig und verſchwiegen. Ich glaube indeſſen, daß das vom General Werner ausgeſprengte Gerücht, daß nemlich ein Corps von acht bis zehn tauſend Mann nach Oberſchleſien im Anmarſch ſei, zu denen Muthmaßungen des General Laudon Gelegenheit gegeben hat.

Die geſchehenen Plünderungen und Mordbrennereien werden den Ruſſen zugeſchrieben; die Oeſterreicher können wir bis jetzt dergleichen nicht überführen.

Erlauben Sie, Sire! daß ich mir die Freiheit nehmen darf, Ihnen hierüber meine Meinung zu ſagen.

Ich glaube, daß wir für ein Jägerndorf und einige Dörfer, zehnmal mehr in Oberſchleſien, in der Grafschaft Glatz und im ganzen Umfange des Gebürges durch Repressalien verlieren würden.

Ich wünsche von ganzem Herzen, Sire! daß Ihre Podagraschmerzen sich bald verlieren mögen. Ich zweifle um so weniger daran, wenn nur Ew. K. M. Sich für Erkältung in Acht nehmen möchten.

L. M. Fouque.

N. S. Vor zwei Monaten hatten die beiden Kapitaine Steiner und Wateville, von dem Freybataillon von Lüderitz, mit einander eine Ehrensache abzumachen, und Steiner wurde blessirt.

Er verhielt sich während seiner Krankheit sehr übel, und starb daher den zehnten Tag darauf, welches den Kapitain Wateville veranlaßte, nach Königsgrätz zu flüchten.

Da dieser Wateville ein sehr verdienter und braver Offizier ist, der sich jederzeit durch seinen Diensteifer vorzüglich ausgezeichnet hat: so unterstehe ich mich, Ew. K. M. um dessen Begnadigung zu bitten.

Oder sollten Sie es für gut finden, Sire! vom ganzen Vorfall nichts wissen zu wollen, so werde ihn zurückkommen lassen. Ich erwarte hierüber Ihre Befehle.

Zu diesen und den folgenden Briefen fehlen die Antworten des Königs.

Schreiben des General Fouque.

Neisse, den 1. Nov. 1759.

Ew. K. M. gnädiges Schreiben vom 31sten des vorigen Monats ist mir sogleich bei meiner Ankunft allhier eingehändigt worden.

Morgen bin ich genöthigt, hier Ruhetag zu halten, um das Corps mit Brod, Fourage und übrigen Bedürfnissen zu versehen.

Uebermorgen werd' ich, Ew. K. M. Befehl zu Folge, meinen Marsch von hier auf Breslau antreten, und solchen in drei Tagen zu endigen suchen.

L. M. Fouque.

N. S. Ich bin sehr erfreut, Sire! Sie wieder hergestellt zu wissen. Was die Schwäche in den Beinen betrift: so wird die sich bald verlieren.

Schreiben des General Fouque.

Hundsfelde, den 5. Nov. 1759.

Ich bin heute von Ohlau abmarschirt, Breslau und die Oder passirt, und habe hier bei Hundsfelde Quartier genommen.

Da mir der General Schmettau meldet, daß Laudon sich mehr rückwärts ins Pohlnische gezogen habe, und also auf Militsch nichts zu besorgen steht: so werd' ich mit dem bei mir habenden Corps quier vor auf Wartenberg marschiren, den General Schmettau bei Militsch noch stehen lassen, und in der Intervalle bei Goschütz einige Bataillons und Eskadrons postiren, um solchergestalt die Bewegungen des Laudonschen Corps desto besser beobachten, und solches längs der Grenze kotoyiren zu können, falls selbiges sich weiter heraufwärts gegen Oberschlesien ziehen sollte.

L. M. Fouque.

Schreiben des General Fouque.

Oels, den 9 Nov. 1759.

Ich bin den 7ten dieses Monats hier angelangt, und habe meine Avantgarde bis Wartenberg vorausgeschickt.

Da ich die Nachricht erhalte, daß der General Laudon von Zduni und der Gegend aufgebrochen ist, seinen Marsch nach Kalisch oder Czenstochow nimmt, und hier gegen über bei Salmirschütz einige Kavallerie und Kosaken zurück gelassen hat; so marschier' ich diesen Morgen von hier ab, über Brieg, längs der Oder durch Kosel, um mich in der Gegend Groß-Strelitz oder Tost zu setzen, und solchergestalt dem Feinde zuvor zu kommen.

Der General Schmettau wird mit ohngefehr der Hälfte des Corps so lange sich noch was feindliches hier gegen über befindet, in der Gegend von Oels zurück bleiben, und sobald die Umstände es zulassen, folgen.

L. M. Fouque.

17. S. Der Feldmarschall Daun beobachtet recht gut die Achtung und den Respekt, den er Ihnen schuldig ist, Sire! da er schon anfängt, sich so weit zurück zu ziehen. Ich wünsche Ihnen Gesundheit und gutes Glück, Sire.

Schreiben des General Fouque.

Kosel, den 20. Nov. 1759.

Da es das Ansehen hat, daß der General Laudon die Absicht habe, seinen Marsch über Tarnowitz oder Beuthen durch das Plessische zu nehmen, so hab' ich die Grenzen in dortiger Gegend mit Dragonern und Husaren, Tarnowitz aber mit Grenadieren besetzt. Mit der übrigen Infanterie bin ich hier bei Kosel stehen geblieben, um bei der Hand zu seyn.

Laudon ist hierdurch veranlaßt worden, seinen Weg auf Czenstochow und Krakau zu nehmen, und man vermuthet, daß er durch das Jpserland nach Ungarn gehen wird. Ich hab' indessen den General Werner mit seinen Husaren und zweitausend Mann Infanterie von Alt-Sydow detaschirt, um eine Expedition auf Troppau zu machen.

Er hat vorgestern die dortige Garnison, die aus Kavallerie und Kroaten bestand, unvermuthet überfallen, sie aus der Stadt gejagt, und hinter der Stadt auf sie eingehauen. Einhundert und achtzig Mann sind auf dem Platze geblieben; eilf Officiere und dreihundert drei und achtzig Gemeine sind gefangen, auch achtzig Pferde erbeutet worden, wovon ich die besten aussuchen und unter die Dragoner und Husaren vertheilen werde.

Von den Gefangnen sind drei Officiere und hundert und siebenzehn Mann dergestalt zu schanden gehauen, daß sie nicht mit fortgebracht werden konnten, sondern gegen Revers in Troppau zurück gelassen werden mußten.

Unser Verlust bestehet in drei Todten und eilf Blessirten.

Den Obersten Bülow hab' ich mit sechs Eskadrons Dragoner und drei Eskadrons Husaren nach Czenstochow detaschirt, auch eine andere Parthei auf Biala und Bielitz geschickt, die noch nicht wieder zurück sind.

Sobald ich mich dieser Gegend werde versichert haben; so werd' ich weiter sehen, was zu thun seyn möchte.

Den General Schmettau hab' ich mit fünf Bataillons, dem Regimente von Schlaberndorf und vier Eskadrons Husaren in der Militzschen und Trachenbergschen Gegend zurückgelassen, um den feindlichen Streifereien daselbst Einhalt zu thun.

Da er mir jetzt meldet, daß die Russen wieder längs der Grenze sich ausbreiten, und neue Einfälle machen, so hab' ich an den General Goltz geschrieben, dem General Schmettau das Regiment von Ramin zur Verstärkung zuzuschicken.

L. M. Fouque.

Schreiben des General Fouque.

Ratibor, den 8. Dec. 1759.

Der General Laudon brach den 20ſten von Czenſtochow auf, und marſchirte gegen Krakau.

Der Oberſte Bülow wurde nachgeſchickt, und langte den 21ſten zu Czenſtochow an, machte daſelbſt einige Gefangene, hob die Feldapotheke nebſt einiger Bagage auf, und verfolgte den Feind über eine Meile weit.

Der Rittmeiſter Roſenkranz, vom Wernerſchen Huſaren-Regiment, machte eine Streiferei auf Kenty, Biala und Bielitz, und erbeutete ebenfalls viele Bagage.

Da die Nachricht einlief, daß Laudon ſich von Krakau auf Bielitz wenden wolle: ſo wurde der Oberſte Bülow mit den Dragonern, und der General Le Grand mit zwei Grenadier-Bataillons nach der Gegend von Beran und Pleſſe detaſchirt, der General Ramin aber mit zwei Bataillons zu ihrer Unterſtützung nach der Gegend von Loßlau geſchickt.

Laudon versuchte den 27ften bei Osmieczin und Gottschalkowitz, ohnweit Plesse, durchzubrechen, er wurde aber am ersten Orte von dem Obersten Bülow, und am letztern vom General Le Grand zurückgeschlagen.

Dieser vertrieb den 29ften die feindlichen Vorposten von Dziedzig und Czechow, zwischen Plesse und Bielitz, und machte einige Gefangene.

So wie die Oesterreicher sich links fortzogen, so zogen vorbemeldte Detaschements sich rechts.

Ich marschirte den 30sten November mit sechs Bataillons in die Gegend von Ratibor, um überall bei der Hand zu seyn. Ich ließ zu dem Ende auch die Oderbrücke wieder in Stand setzen.

An eben dem Tage machte das feindliche Corps einen nochmaligen Versuch, bei Plesse durchzubrechen, und wurde vom General Werner zurück gewiesen.

Die Absicht des Generals Laudon war, durch das Teschensche nach Mähren in die Winterquartiere zu gehen. Um diesen Marsch zu decken, postirte sich der General Draskowitz mit zwölf Bataillons vorlängs der Grenze, besetzte auch unser andern die Oerter Holtschin und Beneschau an der Oppa, in den diesseitigen Grenzen.

Den 6ten Decemb. wurden diese beiden Oerter, jeder mit zwei Bataillons von hier aus zugleich angegriffen, die Besatzungen daraus vertrieben, und, ohne was dabei geblieben, ein Officier und sieben und sechzig Mann zu Gefangenen gemacht.

Der General Laudon steht jetzt in der Teschenschen Gegend, und hat, den eingegangenen Nachrichten zu Folge, auf dem Marsch durch Pohlen über viertausend Mann durch Desertion verloren.

Da er gegenwärtig alle Anstalten macht, die Winterquartiere in Mähren zu beziehen: so werd' ich ebenfalls mit dem Corps nach und nach die Chaine, wie im vorigen Jahre, formiren.

L. M. Fouque.

Der Feldzug des 1759sten Jahres endigte sich in Oberschlesien durch einen Vertrag, den die Generale Fouque und Laudon wegen der Grenzhaltung unter sich errichteten.

Die Oesterreicher nahmen ihre Winterquartiere in Mähren, und formirten längs den Grenzen eine Chaine, von Grulich bis Bllitz. Das Corps des Generals Fouque behauptete die Grenzen von Oberschlesien, und bezog, wie im vorigen Jahre, die Winterquartiere in der Gegend um Neustadt bis Ratibor. Das Hauptquartier war in Leobschütz.

Den 18ten Januar 1760 brach der General Fouque mit acht Bataillons und acht Eskadrons von Leobschütz auf, und marschirte nach Löwenberg.

Er ließ den General Schmettau, der damals mit einem Detaschement bei Lauban stand, bis Görlitz vorrücken; der General Golz übernahm das Kommando über die in Oberschlesien zurückbleibende Truppen, und der General Schenckendorf blieb mit einem kleinen Corps in dem Posten bei Landshut stehen.

Bei diesen sämmtlichen, den Befehlen des General Fouque untergebenen Corps, fiel den Winter über nichts Merkwürdiges vor, als der mißlungene Angrif, den der General Laudon im Monat Merz auf die Neustädtsche Besatzung machte, wobei der General Golz eine vortrefliche Probe seiner Entschlossenheit und Tapferkeit ablegte. *) Denn als er den 14 Merz vom General Laudon eine schriftliche Aufkündigung der im Monat December mit dem General Fouque geschlossenen Konvention erhielt, und den Tag darauf mit dem Regiment von Manteufel und einer Eskadron Dragoner von Bayreuth von Neustadt aufbrach, um sich mit den übrigen Bataillons und Eskadrons seines Corps bei Steinau zu vereinigen, so sah er sich, sobald er zum Thore hinaus kam, vom Feinde umringt. Vor ihm bei Buckelsdorf, auf dem Wege nach Steinau, stand der General Jaquemin mit dem Dragoner-Regiment von Löwenstein aufmarschirt, seitwärts gegen Zültz hielten tausend Husaren von den Regimentern Nabasti und Kalucki; und im
Rücken

*) Diese Erzählung ist aus dem Original-Rapport des Generals Golz entlehnt.

Rücken folgte ihm der General Laudon mit dem Kürassier-Regiment von Palfy, zweitausend Kroaten, und vierzehn Kompagnien Grenadiere.

Der großen Ueberlegenheit des Feindes ohnerachtet, machte er mit der größten Unerschrockenheit die besten Vertheidigungsanstalten, und formirte mit seinen Truppen und einem Train von hundert und funfzig Wagen eine Art von Quarree.

Laudon, der von dem kleinen Preußischen Corps keinen Widerstand vermuthete, ließ es zweimal durch einen Trompeter auffordern, sich zu ergeben, nach erhaltener abschläglgen Antwort aber, gab er Ordre, den Trupp von allen Seiten zugleich anzugreifen. Der Angriff wurde sechsmal wiederholt, und jedesmal wurden die Oesterreicher mit vielem Verlust zurückgeschlagen.

Kurz, der General Golz schlug sich mit einem Verlust von 35 Todten, 40 Gefangenen und 39 Vermißten, glücklich durch; und machte vom Feinde 2 Officiere und 25 Mann zu Gefangenen. Der Feind verlor außerdem noch 28 Officiere und über tausend Mann an Todten und Bleſſirten. Der König gab hierüber dem Ge-

Zweiter Theil. E

neral seine Zufriedenheit in dem nachstehenden Schreiben zu erkennen:

„Mein lieber Generallieutenant von Goltz!
„Den Inhalt Eures Briefes habe mit so vie-
„lem Vergnügen, als Zufriedenheit ersehen;
„und ist die Aktion, die Ihr mit dem Feinde
„gehabt, recht artig und wohl geführt gewe-
„sen; welches ich auch gegen Euch auf das
„gnädigste erkennen werde, und könnt Ihr
„übrigens den sämmtlichen Offizieren Eures
„kleinen dabei gehabten Corps meines gnädig-
„sten Andenkens versichern.

„Was selbige aber dabei an Equipage ver-
„loren haben, darüber habt Ihre eine Rech-
„nung machen zu lassen, und mir einzu-
„reichen.

„Ich hoffe, daß andere Offiziere ein Exem-
„pel an dieser Aktion nehmen, und in etwa
„ähnlichen Fällen solchen folgen werden; denn
„das ist die alte preußische Art, sich gegen
„einen weit überlegenen Feind mit gutem Er-
„folg zu vertheidigen, welche allemal recht gut
„ist, und befolget werden muß. Ich bin
„Euer wohl affektionirter König."

Mit eigener Hand:

„Mache Er den Offizieren von Manteufel ein
„Kompliment in meinem Namen. Sie ha-
„ben nach unsrer alten Art agirt, wo Ehre
„dabei ist, und nicht nach den modernen in-
„famen Exempeln, die ich wieder zur Schan-
„de der Nation und der Armee habe erleben
„müssen.

Friedrich.

Im Monat April 1760 begnadigte der König
den General Fouque mit der Dohmprobstei zu
Brandenburg im nachfolgenden Schreiben:

Freiberg, den 22. April 1760.

„Da die Dohmprobstei zu Brandenburg durch
„das Absterben des Fürsten Moritz von An-
„halt erledigt ist; so hab' ich, der an den Mi-
„nister von Dankelmann dieserhalb bereits
„erlassenen Ordre zu Folge, Ihnen diese Prä-
„bende, nebst allen damit verbundenen Ge-
„rechtsamen und Einkünften, als einen Be-
„weis meiner Erkenntlichkeit für Ihren un-
„veränderlichen Diensteifer und Treue, zu-
„eignen wollen.

„Da indessen noch ein Umstand hierbei zu
„berichtigen ist, nemlich ein Kapital von
„zwölftausend Thalern, welches der verstorbene
„König, mein Vater, den Erben des gedach-
„ten Fürsten Moritz auf den Fond dieser Prä-
„bende versichern ließ, wie derselbe solches
„den Grumkowschen Erben ebenfalls erstatten
„mußte, so werden Sie vor allen Dingen
„diese Sache mit den Erben des gedachten
„Fürsten abzumachen belieben, dagegen die-
„ses Kapital Ihren Erben auf die nemliche
„Art versichert werden soll, wie Sie solches
„aus meiner an den Staatsminister Danckel-
„mann erlassenen Ordre mit mehrern ersehen wer-
„den. Ich wünsche herzlich, daß Sie diese
„Präbende wenigstens so viele Jahre genies-
„sen mögen, als der verstorbene Feldmarschall
„Grumbkow es besessen hat. Uebrigens bitte
„ich Gott, daß er Sie in seine heilige Obhut
„nehme.

Friedrich.

Der General Fouque antwortete hierauf:

Löwenberg, den 27. April 1760.

„Es scheint, Sire! Sie wollen mich durch-
„aus zum reichen Mann machen, so wenig

„Neigung ich auch dazu empfinde; und um
„meine Verlegenheit noch zu vergrößern,
„machen Sie mich sogar zum Geistlichen.
„Ein Amt, dem ich eben so schlecht vorstehen
„werde, wenn ich mich dessen Verrichtungen
„unterziehen soll, als ich ehemals die Rolle
„des Arbates spielte *). Ich werde mich in=
„dessen darüber beruhigen, wenn es mir nur
„gelingt, Ihren Erwartungen während dem
„Kriege zu entsprechen, und Sie dabei glück=
„lich zu wissen, Sire! dafür will ich gern
„den Probst, das Kapitul und mein Leben
„aufopfern.

„Wegen Erstattung der zwölftausend Tha=
„ler bin ich nicht verlegen, Sire! Sie haben
„dafür hinlänglich gesorgt ic.

L. M. Fouqué.

*) Die Rolle des Arbates kommt in dem bekann=
ten vom Herrn von Racine gelieferten Trauer=
spiel Mithridates vor. Wahrscheinlich be=
zieht sich dies auf die theatralischen Uebungen,
die mit zu den Vergnügungen gehörten, welche
Friedrich sich in seinen jüngern Jahren mit sei=
nen Freunden in Rheinsberg machte, und wo=
bei Fouqué vielleicht die Rolle des Arbates nicht
gut gespielt hatte.

Anfangs May traf der Prinz Heinrich mit seinem Corps bei Sagan ein, und den 7ten hielt er eine mündliche Unterredung mit dem General Fouqué zu Kittlitzreben ohnweit Bunzlau.

Den 10ten erhielt der General Fouqué vom Könige die Ordre, dem General Laudon, wenn er gegen die Mark marschirte, längs dem Bober und der Oder bis Frankfurt seitwärts zu folgen; im Fall aber derselbe in Schlesien eindringen sollte, Schweidnitz und Breslau zu decken.

Als hierauf der General Laudon sich längs der Gränze nach Landshut und der Grafschaft Glatz ausbreitete, so brach der General Fouqué den 28sten Mai mit einem Corps von Löwenberg auf, und traf den 30sten bei Frölichsdorf und Fürstenstein ein, um die ferneren Bewegungen des General Laudon zu beobachten.

In der Gegend von Löwenberg und Lauban blieben funfzehn Bataillons zurück, die zur Armee des Prinzen Heinrichs bestimmt waren.

Bei Landshut stand der General Schenkendorf mit einigen Bataillons, über die der General Fouqué das Oberkommando behielt.

Der General Laudon stand mit seinem Corps bei Frankenstein in zwei Treffen; das erste dehnte sich von Tarnau nach Grochau, und das zweite von Zabel nach Baumgarten.

Hier gerlet der General Fouque in die äußerste Verlegenheit. Er fand die Behauptung des Postens bei Landshut nothwendig, um nicht nur die Straße, die aus dem Königsgrätzer Kreise über Trautenau nach Böhmen führt, zu decken, sondern auch die Belagerung von Glatz zu verhindern; und auf der andern Seite hatte ihm der König die Sicherstellung der Vestungen Breslau, Schweidnitz, Glogau und Neisse zum Hauptaugenmerk gemacht.

Sein Corps war viel zu schwach, um alle diese Gegenstände zugleich zu befassen.

Bei Landshut konnte er nicht mehr als fünf Bataillons zurück lassen, die nach seiner Entfernung mit dem Posten zugleich verloren zu gehn in Gefahr waren.

Laudon konnte in einem Marsch vor Schweidnitz seyn, und in zwei Märschen ihm nach Breslau zuvorkommen.

In dieser Verlegenheit schrieb er den 3ten Junius an den Prinzen Heinrich, der noch bei Sagan stand, und bat ihn, ein Corps zur Unterſtützung des Poſtens bei Landhut, nach der Gegend von Freiburg zu detaſchiren.

Da dieſes nicht erfolgte, ſo ſah er ſich genöthigt, den General Schenckendorf mit ſeinen Bataillons aus dem Poſten von Landshut an ſich zu ziehen, und den 4ten Junius des Abends von Frölichsdorf aufzubrechen, und ſein Lager bei Würben zu nehmen.

Den 5ten brach der General Laudon mit ſeinem Corps von Frankenſtein in zwei Kolonnen auf, wovon die eine ſich bei Nimptſch und die zweite bei Reichenbach ſetzte. Der General Draskowitz zog ſich gegen Frankenſtein.

Der General Fouque wurde dadurch veranlaßt, um Breslau zu decken, den 6ten früh um 2 Uhr von Würben aufzubrechen, und ſein Lager bei Romenau zu nehmen, den General le Grand aber bis Opperau vorrücken zu laſſen.

Der General Laudon, der dadurch ſeine Abſichten auf Breslau vereitelt ſah, zog ſich den 7ten von Nimptſch über Silberberg nach der Gegend von Glatz zurück.

Der General Fouque verfolgte ihn mit den Grenadier- und Freibataillons über Canth, Jordansmühle, Nimptſch und Reichenbach, und nachdem er vom feindlichen Nachtrupp, der sich in die Gebürge retirirte, zwei Lieutenants und fünf und siebenzig Dragoner zu Gefangenen gemacht hatte, nahm er den 10ten sein Lager bei Grädiß.

Da er hier die Nachricht erhielt, daß von dem Corps des österreichischen Generals Nauendorf zwei Regimenter Dragoner, zwei Regimenter Husaren, das Grenadierregiment von Laudon, und ein Corps Kroaten bei Kleitsch, zwischen Reichenbach und Frankenstein ständen, so brach er den 13ten in der Nacht mit sechs Bataillons und acht Eskadrons auf, diesen Posten zu überraschen. Da aber die Oesterreicher davon Wind bekamen, so zogen sie sich in der größten Eil nach Silberberg zurück, und wurden daher nur etliche sechzig Mann zu Gefangenen gemacht, auch hundert und zwanzig Pferde erbeutet.

Den Posten von Landshut besetzten die Oesterreicher sogleich, nachdem der General Schenkendorf ihn verlassen hatte, und die Eroberung von Glatz war nun der Hauptgegenstand ihrer Absichten. Sie machten alle Anstalten zur Belagerung, besetzten den Paß bei Warta, und alle Zugänge des Gebürges, die sie mit Verhacken und Verschanzungen dergestalt umgaben, daß von dieser Seite das stärkste Corps nicht im Stande war, Glatz zu entsetzen.

Der General Fouque fand es bei so bewandten Umständen für rathsamer, die Festungen Breslau und Schweidnitz zu decken, und das platte Land gegen die feindlichen Einfälle zu sichern, als den Posten bei Landshut wieder einzunehmen, dessen Behauptung mit einem kleinen Corps gegen die großen feindlichen Heere, die er damals gegen sich hatte, ihm sehr mißlich schien.

Er war dem Könige anräthig, aufs schleunigste ein Hülfscorps nach Schlesien zu schicken, und dem Feinde, wo möglich, eine Diversion in der Gegend von Königsgrätz zu machen.

Der König war geneigt selbst dahin zu kommen; nur Lagen und Umstände verhinderten vielleicht die Beschleunigung dieses Vorhabens; mitlerweile bestand er darauf, daß der General Fouque schlechterdings den Posten bei Landshut wieder einnehmen und behaupten sollte.

Nachstehende Rapports enthalten den weitern Verlauf.

Grädiz, den 16. Junius 1760.

„Ewr. K. M. gestern Abends erhaltenen
„Ordre von 11ten dieses Monats zu Folge,
„werd' ich diese Nacht aufbrechen, die Expe-
„dition auf Landhut vorzunehmen.

„Jahnus ist mit den Infanterieregimen-
„tern Königsegg und Leopold Palfy, die ge-
„stern mit einigen Kürassierern und Husaren
„daselbst angekommen sind, verstärkt worden.

„Das Glück wird uns, hoff' ich, beistehn,
„denn, wenn sie sonst ihre Schuldigkeit thun
„wollen, so wird der Ausgang sehr zweifel-
„haft seyn.

„Von d'O hab' ich keine Nachricht. Er
„ist dergestalt eingeschlossen, daß nichts durch-
„kommen kann, und die es versuchen, werden
„auf der Stelle aufgehangen.

„Nach Aussage der Deserteurs, ist die
„von Prag und Ollmütz kommende Artillerie
„noch nicht eingetroffen; indessen haben sie
„eine große Menge Leitern verfertigt, um,
„wie man sagt, einen Hauptsturm vorzu-
„nehmen.

L. M. Fouque.

Landshut, den 17. Jun. 1760.

„Zur Expedition auf Landshut bin ich ge-
„stern Abends um 10 Uhr nebst den General-
„Majors Schenckendorf, Malachowsky, le
„Grand und dem Obersten Rosen, mit vier
„Grenadierbataillons, vier Musketierbatail-
„lons, drei Freibataillons, eilf Eskadrons
„Husaren, und vier Eskadrons Dragonern
„aus der Gegend von Schweidnitz abmarschirt.

„Den General Ziethen habe ich mit dem
„Rest des Corps im vorigen Lager zurück ge-
„lassen, mit der Ordre, den folgenden Tag
„zu folgen, und sich auf den Zeiskenberg zu
„postiren.

„Wir langten heute früh um zehn Uhr
„vor Landshut an, welcher Posten mit nach-
„stehenden feindlichen Truppen besetzt war:

„1 Regiment von Königsegg,
„1 ‒ ‒ Simbschen,
„1 ‒ ‒ Preysach,
„1 ‒ ‒ Forgatsch,
„1 ‒ ‒ Broder Kroaten,
„1 ‒ ‒ Peterwardeiner Kroat.
„1 Bataillon von Platz,
„1 ‒ ‒ Erzherzog Joseph,

„1 Regiment Küraſſier von Modena,
„1 ‚ Dragoner Erzherz. Joſeph,
„2 Regimenter Huſaren.
„Dabei befanden ſich die Generale Gaisrugg,
„St. Ignon, Jahnus und Gourel. Der An-
„grif geſchah auf drei Seiten, und es wurde
„ſowohl aus Kanonen als kleinem Gewehr
„bis vier Uhr Nachmittags geſchoſſen; der
„Feind von einer Redoute zur andern getrie-
„ben, und endlich den Poſten ganz zu verlaſ-
„ſen genöthigt.

„Die Anhöhen, worauf der Feind die
„Redouten faſt alle zerſtört hat, ſind wieder
„gehörig beſetzt worden.

„Da der Feind bei ſeiner Ueberlegenheit
„den Rückzug gut deckte; ſo haben wir nur
„einen Rittmeiſter, zwei Lieutenants und
„etliche funfzig Gemeine zu Gefangenen
„gemacht.
                L. M. Fouque.

———

Landshut, den 19. Jun. 1760.
„Das den 17ten d. M. von hier vertrie-
„bene Corps hat ſich auf die Anhöhen bei

„Reichhennersdorf gesetzt, die, wie Ew. K. M.
„wissen, die höchsten, und nicht anzugrei-
„fen sind.

„Gestern ist das Corps des General Wol-
„fersdorf, und heute noch eine Verstärkung
„vom Laudonschen Corps dazu gestoßen.

„Ich habe sie mit Kanonen und Haubi-
„tzen, aber mit weniger Würkung, beschossen.

„Bei Friedland ist noch ein andres feind-
„liches Detaschement vom Laudonschen Corps
„angekommen, welches bis Hartmannsdorf
„und Witgendorf auf dem Ziegenrücken vor-
„gerückt ist. Dieses würd' ich angreifen und
„vertreiben können; die bei Reichhennersdorf
„aber würden sodann nicht unterlassen, den
„hiesigen Posten wieder zu besetzen.

„Da nun Ew. K. M. mir wiederholentlich
„befohlen haben, diesen Posten zu behaupten;
„so werd' ich hierunter aufs genaueste folgen,
„und mich darinnen bis aufs äußerste zu hal-
„ten suchen. Bis Ausgangs dieses Monats
„bin ich mit Brod, Mehl und Fourage ver-
„sehen.

„Den General Ziethen und Obersten Kleist
„habe mit vier Bataillons und zwei Esca-

„brons Husaren, zur Deckung der Passage
„nach Schweidnitz, auf dem Zeiskenberge
„stehen lassen, wovon ein Bataillon Freiburg
„besetzt hat, welcher Posten jedoch bei vor-
„erwähnten Umständen sehr unsicher ist, in-
„dem ich von hier aus nichts dahin schicken
„kann, weil ich mich sonst zu sehr schwächen
„würde.

„Das Beckſche Corps iſt den 14ten d. M.
„bis Friedeberg und Greifenberg vorgerückt.

„Bei Glatz ſoll das ſchwere Geſchütz von
„Ollmütz bereits angekommen ſeyn.

„Der General le Grand iſt, Ew. K. M.
„Befehl gemäß, geſtern mit einer Eskadron
„Dragoner von Alt-Platen nach Neiſſe ab-
„gegangen, mithin ſind nur die Generale
„Schenckendorf und Malachowsky, nebſt
„dem Obristen Roſen hier noch bei mir.

L. M. Fouqué.

Landshut, den 21. Jun. 1760.

„Ew. K. M. werden hoffentlich meine bei-
„den gleichlautenden Rapports vom 19ten,
„d. M. erhalten haben.

„Auf Ew. K. M. Befehl hab' ich den
„Posten von Landshut wieder eingenommen.

„Vor mir hab' ich die Corps von Gais-
„rugg und Jahnus, und auf beiden Seiten
„die Corps von Wolfersdorf und Nauendorf,
„die noch täglich vom Laudonschen Corps ver-
„stärkt werden. Ich sitze also hier fest, wie
„angenagelt, und kann mich nicht wegrüh-
„ren, weil der Feind so nah' um mich herum
„steht, daß wir uns einander mit kleinem
„Gewehr beschießen.

„Die Kommunication mit Schweidnitz
„und mit dem General Ziethen auf dem Zeis-
„kenberge ist mir benommen, weil das Nauen-
„dorffsche Corps dazwischen steht, und ich muß
„vermuthen, daß der General Ziethen genö-
„thigt werden wird, den Zeiskenberg zu ver-
„lassen, und sich nach Schweidnitz zu ziehen.

„Bis Ausgangs dieses Monats bin ich
„mit Brod, Fourage und Verpflegungsgel-
„dern versehen.

„In dieser Lage werde ich mich allhier bis
„aufs äußerste zu halten suchen, und eine Di-
„version von Ew. K. M. abwarten.

Von

„Von Glatz kann ich hier keine Nachricht
„einziehen. Der General Zastrow wird von
„allem, was er davon erfährt, Ew. K. M.
„Rapport abstatten, und Ihren Befehl abwar=
„ten, was er an Brod vorräthig halten soll.

L. M. Fouque.

Den 21sten kam der General Laudon selbst mit einem beträchtlichen Corps in der Gegend von Landshut an, und nahm sein Hauptquartier in Schwarzwalde. Nach einer unter den Papieren des General Fouque gefundenen Liste bestand das zum Angriff des Postens bei Landshut in dieser Gegend versammlete österreichische Heer aus vierzig Bataillons und neun und siebenzig Eskadrons, die zusammen auf vier und dreißigtausend Mann stark gerechnet wurden, und wobei, außer dem Generalfeldzeugmeister Laudon, noch sechs Generalfeldmarschalllieutenants, und dreizehn Generalfeldwachtmeister befindlich waren. Dahingegen das ganze auf dem Posten bei Landshut stehende preußische Corps, nur in funfzehn Bataillons und vierzehn Eskadrons bestand, die nach dem Tagezettel, am Tage der Aktion

250 Officiere, 530 Unterofficiere, 8400 Gemeine an Infanterie, und 1500 Mann Kavallerie, mithin überhaupt 10680 Mann ausmachten.

Die Vertheidigung des Postens bei Landshut gegen ein mehr denn dreifach überlegenes Heer, war ohnstreitig eine äußerst gefährliche Sache.

Die äußeren dominirenden Anhöhen mußten besetzt werden; wegen Weitläuftigkeit des Postens fielen die Besatzungen schwach aus, und es blieben dazwischen Leeren von zweitausend und mehrern Schritten *).

Der General Fouqué ließ die vom Feinde zerstörten Befestigungswerke mit möglichster Geschwindigkeit wieder in Stand setzen. Er ließ von der sogenannten Mummelschanze bis an den Leuschner Berg eine Linie ziehen, die sechshundert Schritt lang war.

Zu Besetzung dieser Linie waren wenigstens acht Bataillons erforderlich, aus Mangel hinreichender Truppen aber, kamen nur zwei Bataillons darin zu stehen.

*) Der Plan vom Treffen bei Landeshut ist in der militairischen Monatsschrift vom Februar 1786. befindlich.

Den 22ſten Junius des Abends wurden noch hundert Wagen vom Proviant-Fuhrweſen über Bolkenhayn und Freiburg nach Schweidnitz geſchickt, um Mehl zu holen. Das Bataillon von Arnim und der Major Lutz mit zweihundert Pferden muſten ſich in der Gegend von Ruhbank und Einſiedel poſtiren, um dieſe Zufuhre ſicher zu ſtellen.

Man bemerkte Bewegungen bei den feindlichen Corps, die einen baldigen Angriff des Poſtens vermuthen ließen.

In der Nacht vom 22ſten zum 23ſten regnete es ſehr heftig. Man hörte in der Gegend von Hartmannsdorf und auf den Wegen, die von Forſt kommen, das Raſſeln des Fuhrweſens, und die öſterreichſchen Ueberläufer kündigten den Anmarſch der Feinde zum Angriff an.

Sie ſagten, der General Laudon habe, um ſeinen Leuten Muth einzuflößen, eine große Quantität Brandtwein unter ſie vertheilen laſſen.

Um ein Uhr gaben die Oeſterreicher durch vier Haubitzgranaten, die in der Luft zerſprangen, das Signal zum Angriff. Dieſer erfolgte auf beiden Flügeln zugleich.

Der General Laudon griff mit sechszehn Bataillons und vier und zwanzig Eskadrons den preußischen linken Flügel an, der unter Kommando des Obersten Rosen aus dem Grenadierbataillon von Wobersnow, dem zweiten Bataillon Fouque, dem Bataillon von Mosel, einem Bataillon von Mellin, und drei Kompagnien vom ersten Bataillon Fouque bestand.

Nachdem diese Truppen, unter einer tapfern Gegenwehr, ein starkes Feuer aus Kanonen und Haubitzen ausgehalten hatten, drang das Laudonsche Jägerregiment zwischen dem Leuschner Berge und der Notkretschamschänze durch, warf das Bataillon von Mellin übern Haufen, und kam dem zweiten Bataillon Fouque zu eben der Zeit im Rücken, als es in der Fronte von einigen Grenadierbataillonen angegriffen wurde.

Eine feindliche Kolonne von acht Bataillons, unter Kommando des General Müffling, rückte unterhalb den Riegel, auf dem Wege von Forst gegen das sogenannte Mummelloch vor, brach oberhalb der oben erwähnten Linie durch, kam dem Bataillon von Mosel in die Flanke und im Rücken, und trieb es bis nach den Buchberg und nach der Stadt Landshut zurück.

Eine andere feindliche Kolonne von acht Bataillons, die der General Gaisrugg anführte, machte den Angriff auf den Mummelberg und Buchberg, die mit den drei Kompagnien des ersten Bataillons von Fouque und dem Grenadierbataillon von Wobersnow besetzt waren.

Der herzhafteste Widerstand der preußischen Truppen war hier fruchtlos; sie mußten endlich der Uebermacht des Feindes weichen, der seinen Verlust, mit dem er sich jeden Schritt erkaufte, immer durch frische Truppen ersetzte.

Das Bataillon von Arnim und der Major von Lutz mit seinen zweihundert und funfzig Pferden kamen, auf die vom General Fouque ihnen zugeschickte Ordre, zu eben der Zeit zurück, als die Bataillons vom linken Flügel bereits geworfen waren. Der Oberste Rosen, ohnerachtet er stark verwundet war, setzte sich vor das Bataillon von Arnim, um dem Bataillon von Mosel zu Hülfe zu eilen; ihm wurde aber vom Feinde von allen Seiten mit Kanonen und kleinem Gewehr dergestalt zugesetzt, daß er sich mit großem Verlust zurückziehen mußte.

Der General Malachowsky hieb sich mit seinen Dragonern und Husaren bei diesem Gedränge durch, und zog sich auf die jenseit des Bobers belegene Anhöhen.

Der Major Hofen warf sich mit dem Rest des Bataillons von Mellin in die Redoute auf den Thimberg bei Rothkretscham, in welcher der Lieutenant Bubberg mit einem Peleton vom zweiten Bataillon Fouque stand.

Diese Redoute hielt sich noch, als schon der preussische linke Flügel gänzlich geschlagen war.

Endlich erlag auch diese der überlegenen Macht; der Major Hofen ward todt geschossen, und die Besatzung theils niedergemacht, theils gefangen.

Der Ueberrest der Bataillons vom linken Flügel, die ihre Kommandeurs größtentheils verloren hatten, setzte sich sodann auf den Kirchberg, wo schon ein Bataillon von Marggraf Heinrich und zwei Kompagnien vom ersten Bataillon Fouque standen.

Auf den preussischen rechten Flügel, den der General Schenckendorf kommandirte, und der aus dem Grenadierbataillon von Sobeck, dem freiwilligen Bataillon von Borck und den beiden Freibataillonen von le Noble und Colignon bestand, machten die österreichschen Generale

Wolfersdorf und Jahnus, mit sechszehn Bataillons und dreißig Eskadrons, den Angriff.

Der Ueberlegenheit des Feindes ohneracht, dauerte dieser Angriff über zwei Stunden. Endlich glückte es dem Feinde, die preußischen Bataillons zu überflügeln, und die Anhöhen zu ersteigen.

Da der General Fouque gewahr wurde, daß die Bataillons auf den Blasdorfer Bergen im Rücken angegriffen wurden, so detaschirte er den Major Koschenbar mit der Hälfte seines Bataillons, um dem Feinde selbst im Rücken zu fallen. Der Major Koschenbar wurde aber todtgeschossen, und der Rest des Bataillons, mit den übrigen Bataillons zugleich zum Weichen genöthigt.

Die Truppen von den geschlagenen preußischen Bataillons des linken Flügels versammleten sich hierauf bei den Schanzen, wo die andere Hälfte des Bataillons von Koschenbar, und drei Kompagnien von Braun standen.

Diese Truppen ließ der General Fouque wieder aufmarschiren, setzte sich an derselben Spitze, und ging damit auf die Oesterreicher los, richtete unter ihnen eine außerordentliche Niederlage an, eroberte zwei Fahnen und eine Estandarte, und trieb sie bis Reichhennersdorf zurück, wo sie weiter nichts unternahmen, sondern sich damit begnügten, ihre Verfolger mit Kanonen und Haubitzen zu beschießen.

Da der Feind die weiteren Versuche aufgab, den preussischen rechten Flügel in der Fronte anzugreifen, so detaschirte er das Regiment Simbschen, einige Grenadierbataillons und ein starkes Corps Kavallerie, um jenseits Blaßdorf übern Bober zu gehen, und den Preussen den Rückzug abzuschneiden.

Der General Fouqué fand daher nöthig, den Major Owstin mit drei Eskadrons Husaren dahin zu schicken, um sich wenigstens einer Passage über den Bober zu versichern.

Mitlerweile da das Gefecht auf den rechten Flügel sich legte, ward es auf dem linken desto heftiger. Der Feind rückte in zwei Kolonnen durch das Dorf Zieber, und durch die nur mit sechzig Mann besetzte Stadt gegen den Kirchberg an, auf welchen der Rest der Bataillons des linken Flügels sich gesetzt hatte.

Der größte Theil der österreichschen Kavallerie und einige Grenadierbataillons gingen zu gleicher Zeit über den Bober, um den Preussen auch von dieser Seite den Rückzug abzuschneiden.

Die feindliche Kolonne, die in der Gegend von Zieder vorrückte und den linken Flügel von diesem Angriff formirte, wurde aus den Schanzen des Kirchberges mit einem so heftigen Kanonen und Musketenfeuer empfangen, daß sie sich mit vielem Verlust durch das erwähnte Dorf wieder zurückziehen mußte.

Dahingegen die andere Kolonne, die den rechten Flügel des Angriffs machte, durch die Stadt, über den evangelischen Kirchhof, mit der größten Force gegen den Kirchberg vordrang.

Das vom Galgenberge nach dem Kirchberge zur Unterstützung detaschirte Bataillon freiwillige von Below, so tapfer es auch anfänglich den eindringenden Feind zurückschlug, wurde tournirt, und zu weichen genöthigt.

Der Feind bemächtigte sich hierauf einer Redoute auf dem Kirchberge, und kam dadurch dem Bataillon von Marggraf Heinrich sowohl, als den übrigen sich dahin gezogenen Bataillons in die Flanke. Zwölf Kanonen, womit die Oesterreicher den Ziegelberg besetzt hatten, unterstützten diesen Angriff durch ein sehr lebhaftes Feuer.

Die zurückgeschlagene feindliche Kolonne bekam wieder Luft, und rückte aufs neue gegen den Kirchberg an.

Die guten tapferen Preußen mußten weichen; nicht Muthlosigkeit, unwiderstehliche Uebermacht nöthigte sie dazu.

Sie machten den Rückzug unter einem beständigen Feuer, in eben der Ordnung, wie sie es in den Revüetagen unter den Augen Friedrichs zu machen gewohnt waren. Sie gewannen den sogenannten Galgenberg, und da ihnen der nächste Weg nach den Bober abgeschnitten war, so schlossen sie sich an das Corps des General Schenkendorf an.

Da der General Fouqué bei so bewandten Umständen sich aller Hoffnung beraubt sah, den Posten bei Landshut zu behaupten; so schickte er seinen Adjutanten, den Ingenieurkapitain Winanco zum General Schenkendorf, mit der Ordre, sich mit seinen Truppen über den Bober zurückzuziehen.

Der Hauptmann Winanco wurde todtgeschossen, als er eben zu seinem General zurückkehren wollte; und daher der Generaladjutant,

Leutenant Fouque, mit der nemlichen Ordre an den General Schenckendorf abgefertigt.

Der kommandirende General schickte mitlerweile einige gesammlete von den Freibataillons über den Bober, um die Kroaten aus den daselbst befindlichen Häusern zu vertreiben, und sich dieser Passage zu versichern.

Er folgte darauf selbst mit dem Rest des Bataillons der Freiwilligen von Below und einer Kompagnie von Braun, in der Absicht, die Anhöhen von Reißdorf zu gewinnen; und daselbst den General Schenckendorf mit den übrigen Bataillons an sich zu ziehen.

Sobald der General Fouque über den Bober und durch das Dorf Leppersdof gekommen war, formirte er von den vorerwähnten Truppen ein Quarrée, das sogleich von der österreichischen Kavallerie auf drei Seiten zu gleicher Zeit angegriffen wurde.

Die Preussen, durch das Beispiel ihres Oberbefehlshabers angefeuert, der fest entschlossen war, sich bis auf den letzten Mann zu wehren, und seine Freiheit, oder sein Leben theuer genug zu verkaufen, schlugen die Oesterreicher mehrmalen zurück, und wahrscheinlich würden

sie sich mitten durch die feindlichen Eskadrons
einen Weg gebahnt haben, wenn nicht ein feindliches Grenadierbataillon herbei geeilt wäre, und
die Angriffe der Kavallerie durch ein lebhaftes
Feuer unterstützt hätte.

Dem General Fouqué, der mitten im Feuer
hielt, mit Kaltblütigkeit seine Befehle austheilte,
und dessen Tapferkeit mit dem schönsten der
Siege belohnt zu werden verdient hätte, wurde
sein Pferd unterm Leibe todtgeschossen.

Er fiel, der Held! und die Feinde brachen
zu gleicher Zeit in das Quarree ein. Viele Sol-
daten versammleten sich um ihren General, der
nicht von der Erde aufstehen konnte, weil er mit
einem Theil seines Körpers unterm Pferde lag.
Die Dragoner von Löwenstein hieben alles nieder, was sich um die Person des Generals ver-
sammelt hatte, und viele seiner Vertheidiger fielen todt auf ihn nieder.

Er selbst bekam drei Hiebe; einen in der
Stirne, einen am Ellenbogen, und einen auf
dem Rücken.

Die betrunknen Dragoner würden ihn ohnfehlbar getödtet haben, wenn nicht Transchkt,
sein treuer Reitknecht, sich auf den General ge-

worfen, mit seinem Kopf die auf seinen Herrn gerichteten Hiebe aufgefangen, und unaufhörlich geschrien hätte: wollt ihr denn den kommandirenden General umbringen?

Dies hörte der Oberste Voit vom Löwensteinschen Regimente. Er eilte herbei, vertrieb die Dragoner, und hob den blutenden General von der Erde auf. Er ließ sein Paradepferd herbeiführen, und bot es dem General an.

Fouque übergab dem Obersten seinen Degen, wollte aber das Paradepferd nicht annehmen. „Ich würde, sagte er, das schöne Zeug mit meinem Blute besudeln."

Der Oberste Voit, von wahrer Hochachtung für seinen Gefangenen eingenommen, erwiederte: „mein Sattelzeug wird unendlich kostbarer, „wenn es mit dem Blute eines Helden bespritzt „wird." Er wiederholte bittend seinen Antrag; Fouque bestieg das Pferd, und nahm den Ruhm eines Helden mit in die Gefangenschaft.

Der General Schenckendorf, nachdem er den Befehl des General Fouque erhalten hatte, trat mit dem Ueberreste des Corps den Rückzug über den Bober an. Vom Feinde umgeben, wurde ihm sein Pferd unterm Leibe todtgeschossen, und er gerieth ebenfalls in die Gefangenschaft.

Das Corps, ohngeachtet es seinen Befehlshaber verloren hatte, setzte dennoch, unter Anführung des Major Arnim, seinen Rückzug in möglichst guter Ordnung fort, und vertheidigte sich gegen die wiederholten Angriffe des Feindes mit der größten Tapferkeit.

Es gewann glücklich die Höhe bei Reißdorf, wurde aber bey Fortsetzung des Marsches nach dem Walde zu, von einer Linie Kavallerie, die sich im Grunde bei Reißdorf postirt hatte, aufgehalten; es kamen auch einige feindliche Grenadierbataillons dazu; das Gefecht ging von neuem an; der kleine preussische Trupp wurde übermältigt, und, was nicht auf dem Platze blieb, gefangen.

Ein gleiches Schicksal hatte der General Malachowsky, der sich jenseits dem Bober eine geraume Zeitlang mit der feindlichen Kavallerie die ihn umringt hatte, beschäftigte, endlich aber, nebst dem Oberstlieutenant Papstein und dem Major Bonin, mit einem Theile der Dragoner und Husaren gefangen wurde. Der Major Owstin hieb sich mit der übrigen Kavallerie durch; und so entkamen von dem ganzen Fouquéschen Corps ohngefähr siebenhundert Mann Infanterie, und tausend Mann von den Dragonern und Husaren, die sich ohnweit Jauer versammleten, und nach Breslau marschirten, die übrigen blieben zum Theil auf dem Platz, zum Theil waren sie verwundet und gefangen.

So endigte sich das Treffen bei Landshut, das von halb zwei Uhr des Morgens bis gegen Mittag dauerte, und in welchem die Preußen nicht von der Tapferkeit, sondern von der ungeheuern Anzahl der Feinde überwältigt wurden.

Der Vortheil, den die Oesterreicher dadurch erlangten, war ihnen außerordentlich wichtig. Fouque war einer ihrer furchtbarsten Feinde, der so oft ihre Anschläge durch Muth und Klugheit vernichtet hatte. Seine Gefangennehmung kam ihnen indessen theuer zu stehen. Die österreichschen Offiziere selbst berechneten ihren Verlust an Todten und Blessirten auf neuntausend Mann, und ließen diesem großen Feldherrn die Gerechtigkeit wiederfahren, die sein Heldenmuth verdiente.

Der König war eben in Sachsen aufgebrochen, um dem General Fouque Verstärkung zu

zuführen, als er die Nachricht von seiner Nie,
derlage erhielt. Seine Empfindungen über die,
sen Verlust, den die Entfernung seines Freundes
vergrößerte, lassen sich denken. Mit der ihm
stets eignen Geistesgröße sagte er zu den umste,
henden Generalen:

„Fouque ist gefangen, aber auch seine
„Gefangennehmung macht ihm und uns
„Ehre, er hat sich wie ein Held gewehrt.

Er schrieb sogleich an den Minister Schlabern,
dorf nach Breslau, ihm von dem Gesundheits,
zustande des General Fouque Nachricht zu schaf,
fen, und er beruhigte sich, da er vernahm, daß
seine Wunden nicht gefährlich waren.

Wir begleiten jetzt den General Fouque in
seine Gefangenschaft. Er wurde von Landshut
nach Königsgrätz, von dort nach Brünn und
endlich nach Brugg an der Leitha gebracht.
Der Wiener Hof verweigerte seine Auswech,
selung so lange der Krieg dauerte. Ein Beweis
seiner von den Feinden anerkannten Würde und
Furchtbarkeit, der seinen Ruhm vergrößert! in,
dessen empfand er die Unannehmlichkeiten der
Gefangenschaft um so mehr, je weniger sein er,
habner Charakter einer Unterwürfigkeit fähig war.

Er

Er verlor bei der Uebergabe von Glatz, die den 26sten Julius erfolgte, sein ganzes Vermögen, dessen Werth sich auf hundert und zwanzig tausend Thaler belief. Außer einem großen Kapital an baarem Gelde, waren darunter sechs goldene meistentheils mit Brillanten besetzte Dosen; silberne und porzellainene Tafelservice, eine auserlesene Bibliothek, und eine Sammlung der vortreflichsten Kupferstiche, die der verstorbene König Friedrich Wilhelm gesammelt hatte, und die in drei und dreißig Foliobänden bestand. Friedrich der Zweite hatte sie dem General Fouque geschenkt, und man hielt sie für die einzige in ihrer Art. Der Königliche Gallerieinspektor Oesterreich schätzte ihren Werth auf hunderttausend Thaler.

Alle diese Sachen wurden nach Brünn in Verwahrung gebracht, und man verlangte sogar von dem General Fouque die Bezahlung der Transportkosten.

Es entstanden Zwistigkeiten mit dem Kapserlichen Hofkriegsrath, wegen der, den gefangenen preußischen Offizieren zukommenden Verpflegungsgelder. Diese wurden ihnen anfänglich drei Monat lang vorenthalten, und nachher wollte man ihnen den holländschen Ducaten, der

Zweiter Theil. G

nur 4 Fl. 7½ Kr. im Oesterreichschen galt, für 8 Fl. anrechnen. Ein kayserlich Dekret vom 4ten August 1761 bestätigte dieses Verfahren, wozu die geringhaltigen Münzsorten, in welchen die, in der preußischen Gefangenschaft befindlichen kayserlichen Offiziere ihre Verpflegung erhielten, die Veranlassung gaben.

Der General Fouque nahm sich der Gefangenen preußischen Offiziere an. Er machte dagegen Vorstellung, und nannte es eine Erfindung, die nach dem Verhältniß der Umstände nicht anwendbar sei.

„Die in der preußischen Kriegsgefangen-
„schaft befindlichen kaiserlichen Offiziere (sagt
„er in dem diesfalls übergebenen Promemoria)
„erhalten ihre Verpflegungsgelder alle Monat
„richtig.

„Sie erhalten sie in keinen andern Münz-
„sorten, als die dort gangbar sind, und in
„allen königl. Kassen angenommen werden.

„Sie kaufen dafür ihre Bedürfnisse eben
„so wohlfeil, und noch wohlfeiler, als wir
„sie hier mit schwerem Gelde bezahlen.

„Gilt ein Dukaten in den preußischen
„Landen acht Gulden, so wird er dafür aus-

„gegeben, ohne das daran das mindeste ver-
„loren geht, dahingegen wir hier den Duka-
„ten zu acht Gulden annehmen, und für vier
„Gulden ausgeben sollen.

„Wenn der Dukaten hier zu sechszehn
„Gulden im Gange wäre, so dürften wir
„uns nicht weigern, ihn dafür anzunehmen.
„Da aber in den hiesigen Landen, bei den
„hohen Preisen der Bedürfnisse, kein anderes
„als schweres Geld gangbar ist, so ist es un-
„gerecht, daß man uns den Dukaten doppelt
„so hoch anrechnen will, als wir ihn ausgeben
„können ꝛc."

Die Streitigkeiten in dieser Sache dauerten fort. Es ereigneten sich verschiedene andere Vorgänge, die dem General Fouque gerechte Ursache zur Unzufriedenheit gaben. Es kam zu einem harten Wortwechsel mit dem General Gastheim, der die Aufsicht über die gefangenen preußischen Offiziere in Brügg und Halmburg hatte, deren Anzahl sich auf 235 erstreckte, und endlich erfolgte ein ziemlich ernsthafter Briefwechsel mit dem kaiserlichen Hofkriegsrath.

Der General Fouque verkannte nie den Respekt, den er der Person der Kaiserin schuldig war, mit desto größerer Freimüthigkeit aber vertheidigte er die gerechte Sache gegen die Partheilichkeit ihrer Räthe und Kommissarien, denen er nicht ohne Grund, den Mißbrauch des kaiserlichen Namens, und die Unterschlagung seiner an die Kaiserin gerichteten Vorstellungen beschuldigte.

Der Hofkriegsrath ließ ihm dafür seine Rache empfinden, indem er seine Entfernung bis nach Carlstadt in Kroatien bewirkte.

Als ihm der Kommandant zu Brügg, der Oberste Elvenich, am 7ten September 1761 den kaiserlichen Befehl dieserhalb bekannt machte, antwortete er ganz gleichgültig:

„Die Kaiserin, in deren Gewalt ich bin,
„kann mich bis ans Ende der Welt verwei-
„sen, aber Wahrheit bleibt doch Wahrheit,
„und diese werde ich nie verleugnen."

Bald darauf kam der österreichsche Kapitain Berwarth, und meldete, daß er Befehl habe, den General Fouque nach Carlstadt zu begleiten, und auf Kosten der Kaiserin seine standesmäßige Verpflegung auf der Reise zu besorgen. Er bat den General Fouque, den Tag zur Abreise zu bestimmen. Fouque antwortete:

„Ich werde morgen früh um 5 Uhr bereit seyn.

Es war beinah sechs Uhr, als der Kapitain Berwarth den folgenden Morgen erschien. Fouqué frug ihn: welche Zeit ists? — Fünf Uhr, Ihro Excellenz, antwortete er.

„Ihre Uhren gehn niemals richtig, sie „gehn immer zu spät, erwiederte Fouqué, „nehmen Sie die meinige als ein kleines „Andenken an, sie wird ihnen gute Dienste „leisten."

Den 20sten September langte der General Fouqué in Carlstadt an. Seine Gesellschaft bestand aus seinen Kindern, den Lieutenant la Motte Fouqué Freiherrn von Thonaiboutonne, der Frau Oberstin von Nimschefsky mit ihren beiden Töchtern, seinem Sekretair, dem Lieutenant Sontzenbach und dem Regimentsfeldscheer Gsellius.

Eine harte Krankheit, die ihm während seines Aufenthalts in Kroatien heimsuchte, schwächte seinen Gesundheitszustand. Er verlebte indessen die Zeit seiner Gefangenschaft unter den Beschäftigungen eines Weltweisen, und erst nach dem wieder hergestellten Frieden erhielt er seine Freiheit wieder.

Den 7ten April 1763 trat er mit seiner Gesellschaft die Rückreise nach Glatz an.

Die Kaiserin schickte ihm den Major Blankenfeld entgegen, und ließ ihn ersuchen, nach Wien zu kommen. Man gab ihm zu erkennen, daß er in Wien eine ehrenvolle Aufnahme zu erwarten habe, und daß es nur von ihm abhienge, seine Mobilien und Kostbarkeiten wieder in Besitz zu nehmen.

Der General Fouque verbat es. Mit der größten Verehrung nannte er den Namen der Kaiserin;

„aber, es ist mir unmöglich, sagte er, die
„Hand zu küssen, die mich so hart gestraft
„hat. Mein Vermögen, da es schon in
„ihren Händen ist, hat für mich keinen
„Reiz mehr. Nur mein König, der mir
„es gab, kann es mir erstatten."

Ein Charakterzug, der zwar in Eigensinn auszuarten scheint, der aber das Gepräge einer wahren Seelengröße hat, und eine seltne Festigkeit in Beobachtung der Grundsätze zeigt, die er einmal zum Leitfaden seiner Handlungen gewählt hatte.

Er reiste also Wien vorbei, und langte den 1sten in Glatz an.

Hier fand er gleich bei seiner Ankunft die wesentlichsten Merkmale der fortdauernden Gnade und Zuneigung seines Königs, der nicht nur für seine Bedürfnisse, sondern auch für die Wiederherstellung seiner Kräfte besorgt war. Er fand Geld und alten Ungarwein vorräthig; er erhielt die Anweisung auf ein neuverwilligtes Gouverneurgehalt, und zugleich eine Einladung, bald möglichst nach Potsdam zu kommen. Der König wünschte ihn zu umarmen.

Der General Fouqué verweilte nur wenige Tage in Glatz. Er eilte, sich seinem Monarchen zu Füßen zu legen.

Er blieb vier Wochen lang in Sansſouci, und genoß in der Gesellschaft Friedrichs die Wonne eines neuen Lebens. Seine Seele empfand alles, was nach einer überstandenen siberischen Gefangenschaft, im Schooße des Glücks und der Ruhe sich empfinden läßt, aber sein Gesundheitszustand war geschwächt. Er bat sich vom Könige Urlaub aus, auf drei Monat nach Brandenburg zu gehen, um die Ruhe des geistlichen Standes in seiner Probstei, zu seiner Erholung zu nutzen.

Der König meublirte sein Haus und überhäufte ihn mit kostbaren Geschenken.

Der ruhige Aufenthalt auf dem Dohm zu Brandenburg gefiel dem General Fouque. Seine Entkräftung nahm zu, und er fühlte sich unvermögend, das Geräusch der großen Welt, und die Beschwerlichkeiten des Militärdienstes zu ertragen.

„Ich tauge zu nichts mehr, (schrieb
„er an seinen König). Das Dohm=
„herren=Leben und die Ruhe ist mir
„am zuträglichsten. Um das Maaß
„Ihrer Gnade voll zu machen, Sire!
„so fügen Sie noch diese hinzu, mir den
„Ueberrest meines Lebens solche genießen
„zu lassen ıc."

Der empfindsame Monarch willigte sehr gerne ein. Er gab seinem alten Feldherrn, dessen Entkräftung sichtbar war, die Erlaubniß, so lange in Brandenburg zu bleiben, als er wollte.

„Sie müssen mich aber zuweilen besu=
„chen, schrieb er, es ist nicht weit, und
„wenn Sie mir Ihre Ueberkunft wissen

„laſſen, werd' ich Ihnen meine Pferde
„auf den halben Weg entgegen ſchicken ꝛc.

Er gab dabei die Hoffnung zu ſeiner Wiederherſtellung nicht auf. Er ward ſelbſt ſein Arzt, und verwandte alle nur erſinnliche Sorgfalt auf die Erhaltung ſeines — wie er ihn ſelbſt nannte — alten treuen Freundes.

Alles, was dem General Fouqué den Aufenthalt in Brandenburg angenehm machen konnte, ward hingebracht.

Sansſouci und Charlottenburg lieferten die Orangerie zu Verzierung des Gartens; ſeine Zimmer glänzten von königlichen Geräthſchaften; ſein Keller wurde mit alten hundertjährigen Weinen, und ſein Tiſch mit Früchten aus Sansſouci verſorgt. Kurz, der König theilte alles, was er gut fand, mit ſeinem alten Freunde.

Er beſuchte ihn, und übernachtete zuweilen bei ihm in Brandenburg.

Es war äußerſt rührend, ein Augenzeuge dieſer Zuſammenkunft zu ſeyn, und den Monarchen in der Geſtalt eines zärtlichen Freundes zu ſehen.

Sein göttlichſtralendes Auge, das ſo eben in dem Zirkel der um ihn verſammleten Generale Ehrfurcht und heilige Stille gebot, wurde von Freude und Sanftmuth beseelt, sobald es den ehrwürdigen Fouque erblickte, der den Monarchen in seiner Hausthüre mit Sehnsucht erwartete.

Er floh in seine Arme, und leitete ihn, so wie ein Sohn den Vater, in seinen Sessel zurück.

Er unterhielt ihn mit den Begebenheiten der großen Welt, aus der Fouque sich entfernt hatte.

Sie wandelten beide in den Alleen der schattigten Linden eines kleinen Gartens, und in der neunten Stunde des Abends trennten sie sich, und genossen der Ruhe. Kaum brach der Tag an, so suchte der Monarch seinen Freund auf, und nahm in seiner Gesellschaft das Frühstück ein. Um zehn Uhr umarmte er seinen Fouque, und verließ diesen Tempel der Freundschaft mit einem heitern und lächelnden Gesicht.

Der König begnügte sich nicht damit, seinen Freund in Brandenburg zu besuchen, er wollte ihn auch zuweilen in Sansfouci bei sich haben, und wählte dazu die Zeit, die er nach überstandenen Revuereisen zu seiner Erholung bestimmte.

Die Sorgfalt, die der Monarch darauf verwandte, dem General Fouque, die seinem Alter und seiner zunehmenden Schwäche zuträgliche Bequemlichkeiten zu verschaffen, und ihm den Aufenthalt in Sanssouci angenehm zu machen, ist beinahe unglaublich.

Er widmete sich ihm ganz in den Stunden seiner Muße, und wenn Militair- und Staats-Geschäfte ihn von ihm entfernten, so schickte er ihm seinen Vorleser, der ihm die sonst gewohnte einsame Beschäftigung des Geistes erleichtern mußte.

Fouque war von Jugend auf ein Freund der Lektüre und der schönen Wissenschaften. Geschichte und Kriegskunst waren sein Hauptstudium, und mit den Werken der alten und neuern Weltweisen hatte er eine ausgebreitete Bekanntschaft.

Sein Geist und sein Gedächtniß blieben ihm, auch bei der zunehmenden Entkräftung seines Körpers, treu, und daß er von seinen Kenntnissen einen guten Gebrauch zu machen wußte, bewies die Anhänglichkeit Friedrichs an seinen Umgang.

Wir bemerken jezt einen Charakterzug Friedrichs, der ein vortrefliches Gemälde der Herablassung und Freundschaft des Monarchen für seinen alten Feldherrn darstellt, welches durch den Grabstichel des Künstlers gezeichnet zu werden verdiente.

Friedrich wollte nemlich seine täglichen Spaziergänge gern in der Gesellschaft seines Freundes machen. Fouqué, den seine Füße nicht mehr tragen wollten, wurde in einem Tragesessel von den Terrassen herabgetragen. Man setzte ihn sodann in einen für ihn verfertigten kleinen Wagen. Er fuhr darin durch die Alleen des königlichen Sans-souci, und der Monarch ging zu Fuße neben ihm her.

Während der Zeit seines Aufenthalts in Brandenburg blieb der General Fouqué auch in der Einsamkeit nicht unthätig.

Er besorgte nach wie vor seine Gouvernements- und Regiments-Angelegenheiten.

Er beschäftigte sich mit der Lektüre, und seine Bewegungen waren mit der Jagd verbunden, die er von Jugend auf geliebt hatte.

Er war ein abgesagter Feind der Dachse und Füchse, und seiner körperlichen Schwäche ohngeachtet, hielt er dabei ganze Tage lang die Abwechselungen der unfreundlichsten Witterung aus.

Mit seinem Alter nahm die Schwäche seiner Sprache und seiner Füße zu.

Er war unvermögend, ein vernehmliches Wort zu sprechen, und nur mit der äußersten Anstrengung konnte er sich verständlich machen.

Man suchte durch allerhand Hülfsmittel diese Mängel zu ersetzen, und erfand unter andern eine Maschine, durch Zusammensetzung der Buchstaben die Worte zu ergänzen, die er nicht aussprechen konnte.

Sogar der König bediente sich dieser Methode, wenn er sich bei seiner Anwesenheit in Brandenburg mit ihm allein unterredete.

Er buchstabirte, der Monarch! seinem alten Freunde zu gefallen; und dieses hielt ihn nicht ab, bei seiner jährlichen Revüereise nach Magdeburg das Mittagsbrod bei ihm einzunehmen, und bei seiner Rückreise zuweilen bei ihm zu übernachten.

Er bekümmerte sich mit der äußersten Sorgfalt um seinen Gesundheitszustand, um seine Diät und um seinen Zeitvertreib.

„Sie leben zu einsam, sagte er einstmalen; Sie müssen täglich Gesellschaft um sich haben; Ihre Fenster müssen mit Blumentöpfen besetzt seyn: und Sie müssen kleine Hündchen un-

„sich haben, die um Sie herum-
„springen."

Fouque verbat die Gesellschaft der kleinen
Hündchen, die er der Unreinlichkeit wegen nicht
in seinem Zimmer litte.

„Sie waren ja sonst kein Feind davon,
„versetzte der König, erinnern Sie sich
„nicht Ihres Melampo, der uns ehemals
„in Rheinsberg so manches Vergnügen
„machte?"

Fouque bewunderte das treue Gedächtniß des
Monarchen, der sich nach vierzig Jahren des
Namens eines Hünerhundes erinnerte.

So weit ging die Sorgfalt eines Monarchen,
der unter den Weltbeherrschern, wie die Sonne
unter den Sternen, glänzte; der der Schieds-
richter Europens war, und unter der ungeheuern
Last der wichtigsten Staatsgeschäfte, die er selbst
besorgte, auch der Freundschaft seine Opfer
brachte.

Er war es, der wahre Verdienste zu schätzen
und zu belohnen wußte.

Er belohnte sie nicht nur, als er sie nutzte;
Er belohnte sie bis ins Grab. Seine Sorgfalt
für die Erhaltung seines Fouque, der für ihn

gelebt hatte, und der jezt unvermögend war, ihm weiter nützlich zu seyn, ist hiervon ein redender Beweis.

Sie ist ein glänzendes Beispiel seines liebenswürdigen, empfindsamen und freundschaftlichen Charakters; eines Charakters, der ihm, als dem größten Monarchen, um so mehr Ehre macht; je seltner die Beispiele dieser Art sind.

Wir enthalten uns aller weitern Betrachtungen, in die unsere Empfindungen sich verwickeln. Denn was empfindet man nicht, wenn man in das Herz des einzigen Friedrichs sieht? Wenn man den Mann als Privatmann und Freund erblickt, den man als den größten Monarchen kannte?

Man empfindet, wenn man von ihm spricht, wenn man Charakterzüge von ihm liest; man empfindet aber dabei lange nicht das, was man empfand, wenn man ihn sah, und wenn man ihn hörte; und was man noch empfindet, wenn man seine eigenen Aufsätze liest, die die Sprache seines Herzens enthalten, das wird der Leser fühlen, dem wir jezt den vertraulichen Briefwechsel zwischen dem Monarchen und seinem Feldherrn liefern.

Schreiben des Königs.

Den 21sten Julius 1763.

Ich überschicke Ihnen, mein lieber Freund! ein Service, worauf ich schon lange gewartet habe, und welches nur erst fertig geworden ist. Ich wünsche, daß Sie Sich dessen viele Jahre recht vergnügt bedienen mögen.

Benachrichtigen Sie mich doch, wie es mit Ihrer Gesundheit steht. Ich habe große Lust, den Cothenius *) zu Ihnen zu schicken, damit Sie diensame, und nicht unnütze Mittel brauchen, die Ihnen nichts helfen. Ich erwarte hierüber Ihre Antwort, und versichere Sie meiner aufrichtigen und vollständigen Freundschaft.

Leben Sie wohl!

Friedrich.

---

*) Der erste Königliche Leibarzt.

Schreiben des General Fouque.

Brandenburg, den 25. Jul. 1763.

Ich habe dadurch nichts verloren, Sire! daß ich gewartet habe. Ihre Gnade und Wohlthaten, verbunden mit der Schönheit und Pracht des mir überschickten silbernen Tafelservices, übertreffen bei weitem meine Erwartung.

Sehr oft beschäftige ich mich mit der Betrachtung, und sage mir selbst; was für Bewegungsgründe muß dieser große König, dieser liebe und würdige Prinz haben, daß er mich mit so vieler Gnade überhäuft, ja was noch mehr ist, mich seit länger denn dreißig Jahren mit einer beständigen Freundschaft beehrt? Verzeihen Sie diesen Ausdruck, Sire! allein ich kenne nichts kostbareres, nichts ruhmvolleres für mich. Meine Eigenliebe findet sich zu sehr darinn geschmeichelt; mit einem Wort, ich verliere mich darin, ohne den mindesten Grund zu finden, mir ein sichtbares Verdienst dieser Vorzüge zueignen zu können. Denn so sehr Sie Sich auch auf die Charakterkenntniß der Menschen verstehn, Sire, so können Sie doch nicht jederzeit das Innerste meines Herzens sehen, welches allein mich beruhigen könnte, da ich auf keine andere Art Ihnen das Wesentliche meiner Empfindungen zu beweisen im Stande bin.

Meine Gesundheit ist gut, Sire! indem ich keine Schmerzen empfinde; ich schlafe ziemlich ruhig, und esse mit Appetit, welches ich der Chokolate und China verdanke, womit Ew. M. mich versehn haben.

Dies ist die gute Seite; der ich die Schwäche der Hüften, der Brust und der Sprache entgegensetzen muß, die durch die mindeste Erschütterung oder Bewegung unthätig gemacht werden.

Ich tauge zu nichts mehr, und nichts ist mir dienlicher, als das Domherren=Leben und die Ruhe. Um das Maaß Ihrer Gnade voll zu machen, Sire! so fügen Sie noch diese hinzu, mich den Ueberrest meines Lebens solche genießen zu lassen. Zu Ihrer Ehre und für das Wohl Ihrer unvergleichlichen Person, werd' ich die Horas bis auf den letzten Augenblick meines Lebens singen.

Ich bin ꝛc.

L. M. Fouqué.

Schreiben des Königs.

Den 30. Jul. 1763.

Wenn Ihnen dasjenige, was ich Ihnen überschickte, angenehm war: so war es gerade, was ich wünschte; dies war der Endzweck, mein Lieber! den ich mir vorsetzte.

Sie wundern Sich, daß ich Sie liebe! Sehr wunderbar würde es vielmehr seyn, wenn ich einen verdienten Offizier, einen rechtschaffnen Mann, und besonders meinen alten Freund nicht liebte.

Ich wünschte, daß Ihre Gesundheit ganz wiederhergestellt würde, und ich gesteh' es, daß ich die Hoffnung dieserhalb noch nicht aufgebe. Sie müssen Sich nur schonen und pflegen; die Ruhe, Rhabarber und Kräuter werden Ihre Kräfte wieder herstellen.

Sie könnten in Brandenburg bleiben, so lange Sie wollen; aber Sie müssen mich zuweilen besuchen, es ist nicht weit, und wenn Sie mir Ihre Ueberkunft wissen lassen, so werb' ich Ihnen meine Pferde auf den halben Weg entgegen schicken.

Leben Sie wohl, mein Freund! ich bin Ihnen mit Leib und Seel' ergeben.

Friedrich.

N. S. Meine Schwester aus Schweden mit ihrer ganzen Familie ist bei mir.

Schreiben des Königs.

Den 4. Okt. 1763.

Ich überschicke Ihnen, mein lieber Freund! ein großes Glas, welches ich in Berlin unter der Verlassenschaft meines Vaters fand. Ich wünschte, daß es Ihnen auf einen Augenblick Vergnügen machte! Ich höre von Ihnen nichts, als nur durch Fremde, die über Brandenburg reisen. Haben Sie mich vergessen? oder werden Sie mir das Vergnügen machen, mich zu besuchen, wenn es Ihnen nicht beschwerlich ist?

Leben Sie wohl, mein Lieber! ich umarme Sie.

Friedrich.

Schreiben des General Fouque.

Brandenburg, den 6. Okt. 1763.

Sire!

Ich habe Fehler, die ich kenne, ohne sie verbessern zu können; das Laster der Undankbarkeit aber ist mir unbekannt.

Bedenken Sie doch, Sire! ob ich fähig bin, meinen größten Wohlthäter zu vergessen? Nein! ich glaube nicht, daß eine Stunde vergeht, in der ich nicht mit aller Empfindung mich der Erkenntlichkeit erinnere, die ich Ihnen schuldig bin.

Ich danke Ihnen, Sire! für das mir überschickte schöne Glas; ich werde damit meinen Glasschrank zieren, nebst denjenigen, die ich noch in Glatz fand.

Die Kälte, die mir sonst angenehmer als die Wärme war, bekommt mir nicht mehr. Schon seit drei Tagen empfind' ich eine Kolik, weil ich mich dem Winde aussetzte, und Obst aß.

Ich vermache und verstopfe alle Oefnungen meines Hauses; ich verhänge die Thüren und

Kamine, damit Ew. M., wenn Sie wieder nach Brandenburg kommen, in Ihrem Zimmer nicht vom Zugwind beschweret werden.

Ich bitte also um gnädige Entschuldigung, Sire! während der kalten Witterung.

Ich bin 2c.

L. M. Fouque.

Schreiben des Königs.

Den 2. Dezemb. 1763.

Ich überschicke Ihnen, mein Freund! türkischen Kaffee, den ich von einem Mamamuschi erhalten habe.

Sie würden mich ganz und gar vergessen, wenn ich Ihnen nicht zuweilen Gelegenheit gäbe, Sich meiner zu erinnern. Es wird sich dazu bald eine neue finden, die ich nicht verabsäumen werde.

Leben Sie wohl, mein Freund! und bewahren Sie mir ein klein Plätzchen in Ihrem Herzen.

Friedrich.

Schreiben des General Fouque.

Brandenburg, den 6. Dez. 1763.

Großer Gott! was für einen Mann hast du uns geschenkt!

Die Beherrschung seiner Staaten — seiner Armeen; seine türkischen Angelegenheiten — seine Schlösser — und tausend andre Sorgen; die Leitung Europens — Asiens — und seine Maaßregeln; alles dies ist nicht hinlänglich, ihn zu beschäftigen; Er giebt Sich noch die Mühe, mir Kaffee zu schicken!

O Sire! möchten Sie doch die ganze Welt regieren, und unsterblich seyn!

Ich bin ꝛc.

L. M. Fouque.

Schreiben des Königs.

Den 16. Dezemb. 1763.

Mein lieber Freund! es ist für Sie eine Anweisung auf fünftausend Thaler bei meinem Hofstaatsrentmeister Buchholz befindlich, die Sie einziehen können, wenn es Ihnen beliebt. Sie können, damit einen Theil der Prinz Moritzschen Schuld wegen der Probstei zu Brandenburg tilgen *).

Ich wünsche Ihnen übrigens gute Gesundheit, mein Lieber! pflegen Sie Sich gut, damit ich das Vergnügen habe, Sie in Sansfouci zu sehen.

Leben Sie wohl, mein Lieber! Ich umarme Sie.

Friedrich.

*) Der König erinnerte Sich hier des auf die Probstei zu Brandenburg radizirten Kapitals von zwölftausend Thalern, welches der General Fouqué den Erben seines Vorgängers erstatten mußte.

Schreiben des General Fouque.

Brandenburg, den 22. Dez. 1763.

Sire!

Der Fürst Moriz und seine Erben sind längst bezahlt. Sie verschwenden Ihre Schätze, Sire! indem Sie mich daran Theil nehmen lassen.

Durch Ihre Gnade befinde ich mich in dem Besitz eines Vermögens, welches mehr als hinreichend ist, mich standesmäßig zu ernähren.

Erlauben Sie, Sire! daß ich Ihnen davon ein Verzeichniß mache. Ich habe neunzehntausend Thaler bei der Churmärkschen Landschaft stehen ꝛc. ꝛc. und überdem noch fünftausend Thaler baar liegen, wovon ich keinen Gebrauch zu machen weiß, wenn Ew. M. nicht die Gnade haben, deren Unterbringung bei der erwähnten Landschaft zu verfügen, und auf diese Art mein Schiff erleichtern, anstatt es zu überlasten.

Ueberdem, Sire! haben Sie mich fürstlich meublirt. Alles dies, ohne dasjenige zu rechnen, was der Teufel in seinen Klauen hat, ich meine die Oesterreicher, sind Ihre Wohlthaten, die ich nicht verdient habe.

Werden Sie nicht ungehalten, Sire! wenn ich Sie bitte, Ihre Geldgeschenke einzuschränken, und überzeugt zu seyn, daß die Versicherungen Ihrer mir kostbaren Freundschaft, und selbst Ihr Sack mit Kaffee einen unendlich größern Werth für mich habe, als alle Schätze von Gold und Silber, die Sie mir geben könnten.

Ich bin ꝛc.

L. M. Fouqué.

Schreiben des Königs.

Den 10 April 1764.

Ich komme aus Schlesien zurück, mein lieber Freund! und aus Glaß, wo ich alles besser fand, als ichs erwartete.

Ich finde hier Porzelan, welches ich Ihnen überschicke. Erinnern Sie Sich meiner dabei, bis ich Sie aus meiner Berlinschen Fabrique damit versorgen kann.

Es ist mir von Personen, die Sie gesehen haben, versichert worden, Sie sähen zwar munter aus, aber etwas entkräftet.

Ich habe noch alten Rheinwein vom Jahr 1684. Wenn Sie ihn verlangen, so melden Sie mirs, er ist zu Ihrem Dienst. Es ist auch alter Ungarwein da — Sie dürfen nur ein Wort sagen — so sollen Sie ihn haben.

Schreiben Sie mir doch, wenn Sie mich besuchen wollen, denn darauf thu ich nicht Verzicht.

Wir exerziren gegenwärtig aus Leibeskräften, um unsre Sachen wieder im Gang zu bringen.

Diese fangen an, sich zu erholen, und ich muß bekennen, daß ich das Vergnügen habe, eine Armee, deren Würde ich vorher kannte, und die durch blutige Kriege unter meinen Augen ruinirt wurde, gleich einem Phönix, aus ihrer Asche wieder hervorgehen zu sehen.

Leben Sie wohl, mein Freund! ich liebe Sie von ganzem Herzen: seyn Sie dessen überzeugt, so wie von der Hochachtung, die ich für Sie hege.

Friedrich.

Schreiben des General Fouque.

Brandenburg, den 12. April 1764.

Sire!

Ich nehme allen nur ersinnlichen Antheil an die Zufriedenheit, mit der Ew. M. die Schlesische Reise zurückgelegt haben. Sie haben dies blos Ihrem Verhalten im Kriege, und den guten Anstalten zu verdanken, die Sie seit dem Frieden getroffen haben.

Ein oder zwei Erndten, wie die vorige, werden dem Lande aufhelfen, und die Menschen werden sich vermehren, wie die Aehren.

Was Ihre Armee anbetrift, Sire! so wird sie, meiner Meinung nach, in einigen Jahren nicht nur wieder auf einen guten Fuß seyn, sondern die innere Würde wird jene — der vorigen Kriege — übertreffen, da wir noch als Lehrlinge in den Probejahren standen, anstatt daß nun der größte Theil der Armee den Krieg mitgemacht, und Ew. M. so viele Offiziere gebildet haben.

Von Dankbarkeit durchdrungen über Ihr gnädiges Andenken, Sire! und über das schöne

Geschenk von Porzelan, welches ich zum Entzücken schön finde, wünsch' ich, daß die Berliner Fabrike es so weit bringen möge, indem ich mir die Möglichkeit nicht denken kann, es zu übertreffen.

Diejenigen, die E. M. den Zustand meiner Gesundheit schilderten, urtheilen ganz richtig. Mein äußeres Ansehn bei Tische, und auf dem Stuhl, ist recht gut; aber die Schwäche meines Körpers, meiner Schenkel und der Sprache, scheint immer mehr zuzunehmen.

Ich habe mir vorgenommen, auf drei Wochen die Molken- und Kräutercur zu gebrauchen, und den 10ten oder 15ten Mai damit den Anfang zu machen.

Befehlen Sie, Sire! ob ich die Gnade haben soll, vor oder nach dem Gebrauch dieser Cur, oder auch während derselben, mich Ihnen zu Füßen zu legen.

Da mir die Wahl der alten Herzstärkungen überlassen ist, so geb' ich dem alten Oxikrat vom Rhein den Vorzug vor dem ungarschen Hippokrat.

Ich bin 2c.

L. M. Fouqué.

Schreiben

Schreiben des Königs.

Den 18. April 1764.

Ich überschicke Ihnen, mein lieber Freund! den verlangten sauern Rheinwein, und wünsche, daß er Sie stärken und Ihre Gesundheit herstellen möge.

Ich werde den Gebrauch Ihrer Molkencur nicht stören, indem ich voraussetze, daß unsre militairischen Uebungen und alles, was dem angeht, keinen Reiz mehr für Sie haben.

Ich rechne darauf, Sie bei meiner Reise nach Magdeburg zu besuchen, und nach meiner Zurückkunft werd' ich ruhig in Sansfouci wohnen. Wollen Sie alsdann zu mir kommen, so werden Sie mir viel Vergnügen machen. Wir werden allein seyn, und nichts soll Sie beunruhigen.

Sprechen Sie mir nicht so verächtlich von meiner Porzelanfabrike. Sie übertrift bei weitem die Meissensche; aber das Haus und die zwölf Oefen, die ich bauen lasse, werden erst im September fertig; dies verhindert uns noch, im Großen zu arbeiten. Indeſſen macht man ſchon ſchönere Sachen, als man jemals in Meiſſen geſehn hat. Ich werd' Ihnen Proben davon mitbringen, wenn ich zu Ihnen komme. Im Herbſt werden wir ſchon Services haben, und alles, was man verlangen wird.

Leben Sie wohl, mein Lieber! vergeſſen Sie nicht die Abweſenden, und beſonders dem, der Sie liebt.

Friedrich.

Schreiben des Königs.

Den 21. April 1764.

Da Sie meiner Porcelanfabrike gespottet haben, mein Lieber! so muß ich sie rechtfertigen.

Ich überschicke Ihnen ein Theeservice, welches gewiß schöner ist, als man's jemals in Meissen gemacht hat. Zugleich erhalten Sie eine Tasse mit gemalten Figuren, wodurch Sie Sich überzeugt finden werden, daß unsere Arbeit die sächsische weit übertrifft.

Wir beschäftigen uns hier damit, unser Pulver in die Luft zu schiessen. Die Witterung ist kalt, aber dies hindert uns nicht an unsern gewöhnlichen Gang.

Leben Sie wohl, mein Lieber! Ich wünsch' Ihnen Zufriedenheit, Gesundheit und langes Leben.

Friedrich.

Schreiben des General Fouque.

Brandenburg, den 22. April 1763.

Sire!

Nichts ist wohl so demüthigend, als sich in die Nothwendigkeit gesetzt zu sehn, seine Meinung zu widerrufen. Es koste indessen, was es wolle, so setz' ich mich über diese Schande hinaus, um so mehr, da ich von Natur die Aufrichtigkeit und Wahrheit liebe. Dieser Charakter verpflichtet mich, meinen Irrthum zu bekennen, und E. M. Porzelanfabrike den Vorzug zu geben; nicht nur in Absicht der erhabnen Arbeit in dem Theeservice, sondern auch wegen der Lebhaftigkeit der Farben, die alles übertrift, was ich jemals vom sächsischen Porzellan gesehn habe. Die mosaische Tasse ist so schön, daß ich mir einbilde, den Pinsel des Watteau darin zu sehen.

Sie haben eine ganz besondere Eigenschaft, Sire! anstatt die Kühnheit meiner Zweifel zu ahnden, belohnen Sie mich noch durch dies schöne Geschenk. Wenn ich nicht besorgen müßte, noch einmal bestraft zu werden, so würd' ich mir noch eine Beobachtung erlauben, nemlich:

ob auch die Werkmeister in Ihrer Fabrike nicht das Schicksal jener Künstler haben möchten, deren Modelle nur im Kleinen gerathen.

Durch den mir überschickten Oxikrat, Sire! verlängern Sie mein Leben gewiß um ein halbes Jahr. Ich werde mich dessen bloß als Medizin bedienen.

Aeußerst gerührt über so viele Wohlthaten, geht mir nichts so sehr nahe, als mein Unvermögen, Ihnen dafür meine Erkenntlichkeit beweisen, und E. M. wesentlich von der Größe des Eifers, der Anhänglichkeit und Treue überzeugen zu können, mit der ich Ihnen ergeben bin.

Leben Sie, Sire! für das Wohl Ihrer Staaten und Ihres Ruhms. Exerziren Sie — manövriren Sie — und ärgern Sie Sich zuweilen ein wenig; dies alles ist nach dem System des verstorbenen alten Routier*) Ihrer Gesundheit zuträglich. Ich bin ꝛc.

L. M. Fouqué.

N. S. Sie werden in Ihrem Hause zu Brandenburg sehr willkommen seyn, Sire! und zu Mittage bei einem Refugier die Suppe in Bereitschaft finden.

*) Der verstorbene alte Fürst Leopold von Dessau.

Schreiben des Königs.

Den 27. April 1764.

Ihr Geständniß, mein lieber Freund! wegen der Güte meines Porzelans freuet mich sehr. Wir warten nur auf die Vollendung des Hauptbaues, um im Großen arbeiten zu können; dies kann nur erst um Pfingsten seyn, und dann müssen noch zehn große Oefen gebauet werden, in denen das Porzellan gebrannt wird, mithin kann die Arbeit nicht eher, als gegen die Mitte des Septembers, gehörig in Gang kommen. Es sind zwar in den vorhandenen beiden Oefen schon große Stücke gebrannt worden, die auch sehr gut gerathen sind; indessen haben wir Bestellungen für Rußland und Holland, mit deren Förderung man gegenwärtig beschäftiget ist. Ich unterhalte würklich 507 Personen, die alle in Arbeit stehen; nur die Oefen halten uns auf, welche Hinderniß jedoch im Septembermonat gehoben seyn wird.

Sie bilden Sich ein, mein Lieber! daß ich noch so lebhaft bin, wie vor dem; allein Sie irren Sich. Mein Feuer ist gedämpft, und ich beßre würklich nur dasjenige aus, was in Absicht des Exerzirens noch mangelhaft ist, ohne jedoch von meiner gewöhnlichen Einrichtung abzugehn. Was den gemeinen Mann betrift, das wird im künftigen Jahre wieder in der nemlichen Ordnung seyn, wie es vorm Kriege war; was aber den Offizier anlangt, das ist der Hauptgegenstand meiner Aufmerksamkeit. Um sie für die Folge aufmerksam im Dienst zu machen, und ihre Beurtheilungskraft zu bilden, laß ich ihnen Unterricht in der Kriegsbaukunst geben, und sie werden dabei angehalten, über alles, was sie machen, zu raisonniren.

Sie sehen wohl, mein Lieber! daß diese Methode nicht überall anschlagen wird, indessen werden wir unter der großen Menge — doch Leute und Offiziere bilden, die nicht blos patentirte Generale vorstellen, sondern auch die Fähigkeiten dazu haben werden.

Leben Sie wohl, mein lieber Freund! von der Zeit meiner Ueberkunft nach Brandenburg werd' ich Ihnen noch Nachricht geben. Ich umarme Sie von ganzem Herzen.

Friedrich.

Schreiben des Königs.

Den 1. Jun. 1764.

Ich habe die Gicht in meiner linken Hand, mein lieber Freund! dies ist die Ursach, daß ich nicht selbst schreibe. Sie werden vielleicht sagen, daß ich die Feder wohl mit der rechten Hand führen könnte, aber das Papier würde mir entweichen, und ich will Ihre Augen nicht mit einer Katzenklauerei ermüden. Dieser Zufall kom mir sehr zur ungelegenen Zeit, indem er mich die pommerschen und neumärkschen Regimenter zu sehen verhinderte, und mich nöthigt, die magdeburgsche Revüe zwei Tage aufzuschieben.

Ich werde bei meiner Reise durch Brandenburg ohne Umstände bei Ihnen, als meinem alten Freunde, einkehren, und den 4ten zu Mittage bei Ihnen seyn.

Ich bringe nur einen Freund mit, der Ihrer Freundschaft und Achtung werth ist; mithin werden wir drei, wenn Sie es gut finden, ganz allein seyn.

Zu unserer Beköstigung bedarfs nur wenig; eine gute Suppe, eine Schüssel Spinat, einen freundlichen Wirth, und Sie — bei guter Gesundheit zu finden; dies letztere empfehl' ich Ihnen besonders.

Leben Sie wohl, mein lieber Freund! bis ich Ihnen mündlich meine Hochachtung versichern kann.

Friedrich.

Schreiben des General Fouque.

Brandenburg, den 16. Sept. 1764.

Sire!

Man sagt im Sprichwort: je mehr Mühe eine Sache kostet, desto angenehmer ist der Erfolg. Wenn dem so ist, so kann ich nicht anders glauben, als daß E. M., nachdem Sie die Alpen in Schlesien durchwandert und umritten haben, von Ihrer Reise recht sehr zufrieden seyn werden.

Ich wünsch' es von Herzen, Sire! und bin versichert, daß Sie niemals die Reise durch Ihre Länder machen, ohne Sich der Mühe zu erinnern, die die Ehre Ihrer Eroberung Ihnen gekostet hat.

Genießen Sie die Ruhe, Sire! wenn Ihnen die Ruhe sonst zuträglich ist, die Sanssouci mit seinen schönen Früchten Ihnen darbietet, und geruhen Sie, meine Danksagung für den Antheil anzunehmen, womit Ihre Krutische*) während Ihrer Abwesenheit mich versorgt haben.

Leben Sie wohl, Sire! und seyn Sie glücklich in allen Ihren Unternehmungen. Ich bin.c.

L. M. Fouque.

*) Krutisch war der Name des ersten Gärtners in Sanssouci.

Schreiben des Königs.

Den 16. Sept. 1764.

Es freuet mich sehr, in Ihrem heutigen Briefe Ihre theilnehmende Gesinnungen, bei Gelegenheit meiner glücklichen Zurückkunft aus Schlesien, verneuert zu sehen.

Ich fand daselbst sonst alles ziemlich gut, außer daß ich Ihren Schwiegersohn *) zu meinem Leidwesen in einem sehr kränklichen Zustande sah, der allem Anschein nach sein baldiges Ableben besorgen läßt.

Uebrigens bitte ich Gott, daß er Sie in seine heilige Obhut nehme.

Friedrich.

N. S. Ich bin nun von meiner militairischen und ökonomischen Reise zurück, mein Lieber, ob ich gleich nicht alles durchgängig gut fand, so war es doch leidlich.

---

*) Der Oberste Nimschöfsky.

Schreiben des Königs.

Den 19. Okt. 1764.

Ich habe die brandenburgsche Pastete von Pe̱rigord*) erhalten, mein Lieber! und werde sie so lange aufheben, bis ich vernehme, ob Sie Ihr Theil davon genießen wollen.

Ich bin ganz allein, und wenn Ihnen die Reise nicht beschwerlich ist, oder andere Ursachen Sie abhalten, so wird es blos von Ihnen abhangen, Ihren Freund zu besuchen.

Der arme Nimschöffsky, der ein so guter und würdiger Offizier war, hat nun die Welt

---

*) Der König liebte die Trüffeln, und ließ alle Jahre eine dergleichen Pastete aus Perigord kommen. Fouqué hatte aus Kroatien einige Hunde mitgebracht, die dazu abgerichtet waren, die Trüffeln aus der Erde herauszuwühlen. Man fand in den Gegenden von Magdeburg und Halberstadt Trüffeln, die den Italienischen nichts nachgaben, und Fouqué schickte dem Könige eine auf Perigordsche Art zubereitete Pastete, die der König sehr gut fand.

verlassen. Es thut mir sehr leid; wir werden ihn indeß bald in jenem Lande einholen, wo an keine Rückkehr zu denken ist.

Wir haben hier Manöuvres gemacht, die zum Theil gut, zum Theil schlecht ausfielen. Die Staabsoffiziere sind noch nicht wieder in der Ordnung, wie sie vorm Kriege waren, und es wird noch einige Jahre Zeit erfordern, diese Maschine wieder auf den vorigen Fuß zu bringen.

Mitlerweile werd' ich alt, und ich sollte vielmehr darauf denken, meinen Wagen zur großen Reise zu schmieren, als mit Truppen zu manöuvriren, die ich wahrscheinlich nicht mehr gegen den Feind anführen werde.

Leben Sie wohl, mein Lieber! gute Gesundheit, Zufriedenheit und Heiterkeit. Dies alles wünsche Ihnen von Herzen

Friedrich.

Schreiben des General Fouqué.

Brandenburg, den 22. Okt. 1764.

Sire!

Mein Bedienter brachte mir zu spät die Nachricht von der Ehre, die Ew. M. mir auf den Mittag bestimmten, wenn ich auch außerdem durch hemorrhoidalische Beschwerden nicht behindert gewesen wäre, Ihnen persönlich aufzuwarten.

E. M. gnädigste Befehle berechtigen mich, diese Ursachen anzuführen, und unterthänigst zu bitten, mich während der jetzigen Jahreszeit, die, meinem kränklichen Zustande zuträgliche Ruhe und Wärme genießen zu lassen, um dadurch wo möglich die Einholung des Obersten Nimschöfsky, an dem Sie einen sehr würdigen Offizier verloren haben, ein wenig zu verzögern.

Nicht — daß ich den Tod fürchte! sondern weil ich noch Neigung fühle, die Ruhe und Annehmlichkeiten noch einige Zeit zu genießen, die Ihre Güte meinem Leben verschaft; und

die durch die Ueberzeugung von Ihrem Wohl=
seyn, Sire! verdoppelt werden.

O! möchten Sie doch noch funfzig Jahre
Ihre Alleen durchwandern, Kolonaden und Pa=
läste bauen, und alsdann mit dem Triumph=
wagen des Elias gerade ins Paradies fahren!

Ich bin ic.

L. M. Fouque.

Schreiben des Königs.

Den 26. Okt. 1764.

Bleiben Sie bei Ihrem Ofen, mein lieber Freund! da die Wärme Ihnen heilsam ist. Denken Sie auf Ihre Erhaltung; das ist Ihre erste Pflicht, und dann, wenn Sie keine beßre Beschäftigung haben, denken Sie zuweilen an Ihren abwesenden Freund.

Ich begreif es wohl, daß der Verlust, den Sie erlitten haben, Ihnen empfindlich seyn muß.

Ihr Schwiegersohn war jung; er war den Gefahren eines blutigen Krieges entgangen, und stirbt in eben dem Zeitpunkt, da er die Belohnungen seiner geleisteten Dienste einerndten sollte. Das ist grausam! Man muß aber denken, wie jene lazedemonische Frau, die bei Erhaltung der Nachricht, daß ihr Sohn in der Schlacht bei Maraton geblieben sei, sagte; ich wußte, da ich ihn gebar, daß er sterblich war.

Ein wenig früher oder ein wenig später — wir müssen dahin! Dies war das Loos unserer Vorfahren, es wird auch das unsrige seyn; indeß so lange man in der Welt lebt, ists billig,
sie

sie zu genießen, wenn man's kann, und die Annehmlichkeiten als ein Gegengift für die Bitterkeiten zu brauchen, womit das menschliche Leben vergiftet ist.

Ich danke Ihnen für Ihre magdeburgsche Trüffeln. Noel *) macht eine Pastete davon, und da Sie nicht haben die Ihrige kosten wollen, so werd' ich Ihnen die Meinige schicken.

Leben Sie wohl, mein Freund! bleiben Sie gesund; verbannen Sie alle Traurigkeit aus Ihrem Gemüthe, und erhalten Sie mir einen Freund, für den meine Hochachtung nicht eher, als mit meinem Leben aufhören wird.

Friedrich.

*) Der Mundkoch des Königs.

Schreiben des Königs.

Berlin, den 19. Dez. 1764.

Ich überschicke Ihnen, mein lieber Freund! ein kleines Andenken. Ich hatte Ihnen ein Tafelservice und einige Vasen zugedacht, aber diese Sachen können wir nicht eher, als im Monat Merz haben; alsdann erst wird die Fabrike fertig, und alles zu liefern im Stande seyn, was man verlangen wird.

Leben Sie gesund, und vergessen Sie Ihre alten Freunde nicht.

Adieu!

Friedrich.

Schreiben des General Fouque.

Brandenburg, den 24. Dez. 1764.

So viel Freude mir auch der Empfang Ihres schönen Porzelans verursacht, so ist jene doch nicht minder groß, Sire! die ich über den guten Fortgang Ihrer Fabrike empfinde, der Ihnen um so mehr Vergnügen machen muß, da sie blos Ihr Geschöpf und ein Werk ist, das allen Ihren übrigen Unternehmungen entspricht.

Ich wünsche Ihnen Glück dazu, Sire! und zweifle nicht, daß dieses große und vortrefliche Etablissement bald seine letzte Vollkommenheit erreichen werde.

Geruhen E. M. bei dem gegenwärtigen Jahreswechsel die aufrichtigen Wünsche meines Herzens für die Fortdauer Ihrer Gesundheit anzunehmen.

Ich bin ıc,

L. M. Fouque.

Schreiben des Königs.

Den 10ten Febr. 1765.

Ich überschicke Ihnen, mein lieber Freund! ein Stück veritabler Pastete aus Perigord — und Trüffeln aus dem nemlichen Lande. Ich wünsche, daß sie Ihnen gut schmecken, und ich bei dieser Gelegenheit einige Nachricht von Ihrem Befinden erhalten möge; denn ob ich gleich Ihr Nachbar bin, so erfahr ich doch nicht das Mindeste davon, ohneractet niemand mehrern Antheil an allen dem nimmt, was Ihnen angeht, als Ihr alter treuer Freund

Friedrich.

Schreiben des General Fouque.

Brandenburg, den 11. Febr. 1765.

Ihr gnädiges Andenken, Sire! rührt mich äußerst, und ich freue mich, Sie wieder in Ihrer Ruhe zu wissen, deren abwechselnder Genuß Ihrem Alter und der Dauer Ihres Lebens zuträglich zu seyn scheint.

Der Unterschied, zwischen der Originalpastete von Perigord und der Kopei von Brandenburg ist sehr merklich; indeß muß ich der von Sans-Souci die nemliche Gerechtigkeit wiederfahren lassen, indem nach meinem Geschmack die Zurichtung des Sir Noel dem Original selbst den Vorzug abgewinnt.

Meine Gesundheit ist sehr veränderlich, Sire! ich komme nicht aus meinem Resig, als wenn ich in die Kirche geh, meine Wünsche für E. M. Wohlseyn zu opfern; und außerdem zuweilen einen Dachs auszugraben; außerdem leb' ich eingezogen, und sehe niemanden bei mir, als einige Offiziere von der Garnison, meine

Kollegen und meine Tochter, die seit kurzer Zeit mit ihren beiden Töchtern — Henriette und Wilhelmine von Nimschöfsky, Brandenburg zu ihrem Aufenthalt gewählt hat.

Als Vormund der letztern — wozu der Verstorbene mich ernannte — nehm' ich mir die Freiheit, E. M. zu bitten, derselben Aufnahme in dem adelichen Stift zu Halle dereinst gnädigst zu bewilligen.

Ich bin ꝛc.

L. M. Fouqué

Schreiben des Königs.

Den 11. Merz 1765.

Ich komme aus Berlin zurück, mein lieber Freund! Ich war in meiner Porzelanfabrike, wo ich zwei Vasen und einen Suppennapf fand, und da ich glaube, daß sie Ihnen angenehm seyn werden, so überschick ich sie Ihnen.

Die großen Kaminaufsätze sind noch nicht fertig, man arbeitet noch an den Formen, und in Zeit von sechs Wochen wird man alles haben können, was man verlangen wird.

Ich werde Sie nicht vergessen, mein Lieber! so bald ich was finden werde, was werth ist, Ihren Aufenthalt damit auszuschmücken.

Leben Sie wohl, mein lieber Freund! und geben Sie mir von Ihrem Befinden Nachricht.

Friedrich.

Schreiben des General Fouque.

Brandenburg, den 15. Merz 1765.

Sire!

Ich glaube nicht, daß ein Kind mehr Freude über ein Weihnachtsgeschenk empfinden kann, als ich beim Empfang Ihrer Vasen und der Suppenschale empfand. Ich finde sie vollkommen schön, sowohl in Absicht der Weiße des Porzelans, als der Malerei, und bin überzeugt, daß weder Japan noch Europa jemals dergleichen hervorgebracht hat; wenigstens nicht in so kurzer Zeit.

Nichts bleibt mir übrig, Sire! als der Wunsch, E. M. für alle die Gnade, womit Sie mich zu überhäufen geruhen, meine Erkenntlichkeit gehörig beweisen zu können.

Mein Befinden ist leidlich, aber die Sprache wird von Tage zu Tage schwächer, und zuweilen wird es mir schwer, mich verständlich zu machen.

Ich bin ꝛc.

L. M. Fouque.

Schreiben des Königs.

Den 25. April 1765.

Mein lieber Freund! Ich habe seit fünf Wochen die Podagra- und Hemorrhoidalschmerzen weit heftiger empfunden, als jemals, und da das Uebel vorbei ist, und ich mich jetzt wieder zu erholen anfange, so ist mir nichts angelegentlicher, als Ihnen davon Nachricht zu geben.

Ich wünsche dagegen von der Verbesserung Ihrer Gesundheit gute Nachrichten zu erhalten.

Der Inhalt meines Briefes wird, hoffe ich, Ihnen nicht unangenehm, und Ihre Antwort in Absicht Ihres Befindens für mich erfreulich seyn.

Leben Sie wohl, mein Lieber! Ich umarme Sie von ganzem Herzen, und schmeichle mir, daß Sie nicht ungehalten seyn werden, wenn ich bei meiner Reise nach Magdeburg zu Ihnen komme.

Friedrich.

Schreiben des General Fouque.

Brandenburg, den 28. April 1765.

Ich freue mich unendlich, Sire! Sie wieder gesund zu wissen, und statte E. M. für die mir davon mitgetheilte tröstliche Nachricht den unterthänigsten Dank ab.

Es war mir zu Muthe, Sire! als ob ich Augenzeuge bei den heftigen Schmerzen Ihres Podagra wäre, sogar daß ich mit den Zähnen knirschte. Vermuthlich ist dies die Ursach der größern Beschwerden, die ich an meinen beiden, seit einigen Wochen geschwollenen, Beinen empfinde.

Der Gebrauch der Molken befördert meine Wiederherstellung; allein Ihre Gesundheit, Sire! liegt mir mehr am Herzen, als die meinige, und ich bitte E. M. inständigst, alles mögliche anzuwenden, die schöne Jahreszeit zur Wiederherstellung Ihrer Kräfte zu nutzen.

Sie werden bei sich in Brandenburg sehr willkommen seyn, Sire! und ich werde mich in meiner Einsamkeit geehrt und glücklich schätzen, Ihnen mit einer Suppe aufwarten zu können.

Ich bin rc.

L. M. Fouque.

Schreiben des Königs.

Den 6. Jun. 1765.

Ich werde den 9ten zu Mittage bei Ihnen seyn, mein lieber Freund! ich komme ganz allein, dies erfordert weder Umstände noch Aufwand. Eine Suppe — im eigentlichen Wortverstande genommen — ist hinlänglich.

Ich wünsche, Sie gesund, munter und vergnügt zu finden.

Die hiesige Revüe ist zum Theil gut, zum Theil schlecht ausgefallen; es war nicht, wie in Berlin, oder Stettin, aber es muß werden.

Leben Sie wohl, mein lieber Freund! ich umarme Sie zärtlich.

Friedrich.

Schreiben des Königs.

Den 26. Jun. 1765.

Mein lieber Freund! Ich schicke Ihnen einige Früchte von Sanssouci. Ich habe noch etwas für Sie, welches ich Ihnen aber gern selbst geben möchte.

Der braunschweigsche Hof trift den 10ten des künftigen Monats hier ein. Sie wissen also die Zeit, mein Lieber! die mir übrig bleibt, nun ists an Ihnen, die Ihrige zu bestimmen.

Leben Sie wohl, mein Freund! ich umarme Sie.

Friedrich.

Schreiben des General Fouque.

Brandenburg, den 27. Jun. 1765.

Sire!

Seit dem Brandenburg steht, hat man wahrscheinlich in der jetzigen Jahreszeit hier nicht so mancherlei Gattungen von Früchten gesehn, als womit E. M. mich zu versorgen die Gnade haben.

Ihrem Befehl gemäß, Sire! werd' ich gewiß nicht ermangeln, sie zur Stelle zu pflücken. Da indessen Sir Kothenius mich seit vierzehn Tagen die Bäder brauchen läßt, die mir sehr wohl bekommen, so bitte E. M. unterthänigst, mir deren Gebrauch noch bis zum bevorstehenden Sonnabend zu erlauben, damit ich den Sonntag darauf die Gnade habe, mich Ihnen zu Füßen zu legen, und Ihnen zu beweisen, daß ich ꝛc.

L. M. Fouque.

Schreiben des Königs.

Den 16. Sept. 1765.

Ich komme so eben aus Schlesien zurück, mein lieber Freund! das Landecker Wasser hat mir den Gebrauch meiner Füße wieder gegeben, und jetzt ist mir es gar nicht mehr so, als wenn ich das Podagra gehabt hätte.

Ihr Regiment fand ich in der besten Ordnung. Luck ist ein sehr guter Offizier, der mit Ehrliebe und Eifer dient *).

Ich wünsche, daß meine Gärtner Sie während meiner Abwesenheit gut bedient haben mögen. Jetzt ists meine Sache, Ihr Schafner zu seyn, und Ihre Haushaltung mit Früchten und

---

*) Der Oberstlieutenant von Luck war damals Kommandeur des Regiments von Fouqué. Er erhielt im Jahr 1773 ein neugestiftetes Regiment; im Jahr 1780 nahm er als General-Major, seiner schwächlichen Gesundheitsumstände wegen, den Abschied, und der König begnadigte ihn mit einer Pension.

mit allem dem zu versehen, was Ihnen angenehm seyn kann."

Dagegen verlang' ich, daß Sie mir von Ihrem Befinden Nachricht geben; damit ich über dasjenige, was meinen alten guten Freund betrift, den ich bis ins Grab lieben werde, ruhig seyn kann.

Leben Sie wohl!

Friedrich.

Schreiben des General Fouque.

Brandenburg, den 16. Sept. 1765.

Sire!

Es freuet mich unendlich, von E. M. die Bestätigung der empfundenen guten Würkung des Landecker Bades zu vernehmen. Ihre Zufriedenheit, Sire! befördert die meinige, und meine ganze Beruhigung hängt von Ihrem Wohlseyn ab, welches jederzeit der Gegenstand meiner aufrichtigsten Wünsche bleiben wird.

Daß Sie mein Regiment in guter Ordnung gefunden haben, Sire! ist mir sehr angenehm. Der Oberstlieutenant Luck hat mir mit vieler Freude die wesentlichen Merkmale des gnädigen Beifalls eröfnet, womit E. M. ihn beehrt haben; welches ihn zum desto größern Eifer für die Ehre Ihres Dienstes aufmuntern wird.

Sie befehlen, Sire! daß ich Ihnen von meinem Befinden Nachricht geben soll. Schon seit vier Wochen empfind ich Hüftschmerzen. Es fiel mir ein, mich des mekkaschen Balsams zu bedienen, wovon ich noch funfzehn bis achtzehn Tropfen übrig hatte, die ich in eben so viel Tagen verbrauchte; ich befinde mich viel muntrer darnach, und sehr erleichtert.

Ich danke Ihnen unterthänigst, Sire! für Ihre vortreflichen Früchte, und bin ꝛc.

L. M. Fouqué.

Schreiben des Königs.

Den 18. Sept. 1765.

Glücklicher Weise, mein lieber Freund! hab' ich noch eine Flasche Mekkaschen Balsam, die mir Effendi gab.

Ich übersende sie Ihnen mit dem größten Vergnügen von der Welt, und füge tausend Wünsche hinzu, daß der Gebrauch dieses Balsams Ihnen recht heilsam seyn möge.

Leben Sie wohl, und vergessen Sie nicht Ihren ältesten und treuesten Freund

Friedrich.

Schreiben des General Fouque.

Brandenburg, den 19. Sept. 1765.

Sire!

So eben erhalt' ich die Flasche mit mekkaschem Balsam, die E. M. mir zu übersenden die Gnade haben.

Niemals hat wohl ein Fürst auf der Welt so viel Sorgfalt seinem Diener bewiesen, als E. M. für meine Gesundheit tragen.

Sie zeichnen Sich dadurch vor allen Monarchen aus, Sire! daß Sie so viele Gnade an einem Menschen verschwenden, der nicht im Stande ist, Ihnen durch den mindesten Dienst seine Erkenntlichkeit zu beweisen.

Welch ein Schicksal, Sire! so viele Wohlthaten nicht anders, als blos durch Empfindungen der unverbrüchlichsten Treue und Ergebenheit, erwiedern zu können; mit welchen ich bis auf den letzten Augenblick meines Lebens seyn werde ꝛc.

L. M. Fouque.

Schreiben des Königs.

Den 31. Dezemb. 1765.

Ich wünsch' Ihnen einen guten Tag und ein gutes Jahr, mein lieber Freund! und schick' Ihnen das Geschenk eines Greises an seines Gleichen; einen bequemen Stuhl, den Sie nach Ihrem Belieben aufziehen und niederlassen können; ächten Balsam von Mekka zu Ihrer Stärkung, und einige Berloken aus meiner Porzelanfabrike.

Wenn ich im Sommer das Vergnügen haben werde, Sie bei mir in Potsdam zu sehn, dann werd' ich Ihnen eine weit solidere Galanterie machen; unterdessen, mein Lieber! wünsch' ich Ihnen gute Gesundheit, indem ich Ihnen versichere, daß niemand mehreren Antheil daran nimmt, als Ihr alter, treuer Freund

Friedrich.

Schreiben des General Fouque.

Brandenburg, den 3. Jan. 1766.

Ew. M. würden mir mit dem Neujahrswunsche nicht zuvor gekommen seyn, wenn mich nicht Ehrfurcht und Bescheidenheit davon zurückgehalten hätten. Außerdem bin ich versichert, Sire! daß von allen den Komplimenten, die Sie bei dieser Gelegenheit empfangen, gewiß keines die aufrichtige Theilnehmung meines Herzens an Ihrem Ruhm und Wohlergehen übertreffen kann.

Ich danke Ihnen unterthänigst, Sire! für die mir gnädigst überschickten schönen und vortreflichen Neujahrsgeschenke, und wünsche Ihnen von Herzen Glück zu dem guten Fortgang Ihrer Fabrike, die Ihnen um so vielmehr Vergnügen machen muß, da sie, ihrer geschwindern Entstehung und noch nicht erreichten Vollendung ohnerachtet, dennoch in Absicht der Schönheit alles andere dieser Art übertrifft.

Von dem Lehnstuhl werd' ich guten Gebrauch machen, und darin meiner Gemächlichkeit bestens pflegen.

Da die erste Portion, des von E. M. mir überschickten mekkaschen Balsams mich etwas stärkte, und von Krämp'en und Hüstweh heilte, so hab' ich Ursach von der zweiten — außer der Wiederauflebung der Sprache, die von Tage zu Tage schwächer wird — die Vollendung des übrigen zu hoffen.

Ich bin ꝛc.

L. M. Fouqué.

Schreiben des Königs.

Den 9. Jan. 1766.

Es freuet mich sehr, mein lieber Freund! daß Ihnen die übersandten Kleinigkeiten angenehm gewesen sind. Ich schickte Ihnen die letzte Flasche mit mekkaschen Balsam, die mir noch übrig war, und habe dieserhalb nach Konstantinopel geschrieben, um fürs künftige welchen für Ihnen vorräthig zu haben.

Unser Karneval gleicht den Werkeltagen in Brandenburg; wegen einer Familientrauer, die mir sehr nahe geht, haben wir weder Schauspiele noch andre Lustbarkeiten. Ich hab' indessen unsrer Jugend zu Gefallen, die bei der Betrübniß andrer weniger empfindet, für die letzten vierzehn Tage etwas nachgegeben.

Ihre Tabacksferme geht recht gut von statten, und ich schmeichle mir, daß Sie Ursach haben werden, damit zu frieden zu seyn *).

---

*) Als der König die General-Tabacks-Pacht etablirte, sprach er einstmalen bei seiner Anwesenheit in Brandenburg mit dem General Fouque von dem Vortheil der Interessenten, und war

Leben Sie wohl, mein lieber Freund! sorgen Sie für Ihre Gesundheit, und rechnen Sie für immer auf mein Herz, welches Ihnen nach wie vor ergeben bleiben wird.

Friedrich.

ihm anräthig, daran Antheil zu nehmen. Fouqué äußerte dagegen Bedenklichkeiten, indem er, der mindern Zinsen ohnerachtet, mehr Zutrauen auf die Fonds der churmärkschen Landschaft hatte; worauf der König in sein Zimmer ging, bald darauf aber mit einer ansehnlichen Summe Geldes zurückkam, die er dem General Fouqué mit den Worten einhändigte: Hier bring' ich Ihnen Geld, um dafür Tebacks-Aktien zu nehmen.

Schreiben des General Fouque.

Brandenburg, den 9. Jan. 1766.

Ich bin von aller Güte, die Sie mir erzeigen, so sehr durchdrungen, Sire! daß ich, weder in Absicht der Fürsorge, die E. M. für meine Gesundheit tragen, noch auch der Theilnehmung an mein Interesse, meine Dankbarkeit genugsam auszudrücken im Stande bin. Dieser letzte Punkt veranlaßt mich, E. M. um eine neue Gnade zu bitten. Bei der Einnahme von Glatz hab' ich alle meine Schuldbriefe verloren, worunter auch, nach dem hierbeigehenden Verzeichniß, die von der Landschaft zu Berlin über 18500 Rthl. Kapital sich befanden.

E. M. bitte unterthänigst, zur Sicherheit meiner Kinder deren gleichförmige Ausfertigung, nach Maaßgabe der vorigen, die von Ihrer eignen Hand bestätigt waren, gnädigst zu bewilligen.

Vernunft und Gewohnheit rechtfertigen die Mäßigung der Betrübniß eben sowohl, als der Freude. Ew. M. können folglich mit gutem Gewissen sich dem Vergnügen des Karnevals und der Redute überlassen.

Da E. M. sich beim Anfange ihres Stufenjahres so wohl befinden, so hoff' und wünsch' ich, daß Ihre Gesundheit von recht langer Dauer seyn möge.

Ich bin ꝛc.
L. M. Fouque.

Schreiben des Königs.

Den 12 Jan. 1766.

Mit vielem Vergnügen hab' ich auf Ihr eingegangnes Schreiben vom 9ten d. M. die Gelegenheit ergriffen, Ihnen meine Willfährigkeit zu beweisen, und daher der Landschaft Befehl ertheilt, die Schuldbriefe, der beygefügten Nachweisung gemäß, von neuem auszufertigen, und zu meiner Bestätigung einzusenden.

Uebrigens bitte ich Gott, daß er Sie in seine heilige Obhut nehme.
Friedrich.

N. S. Sie sollen Ihre Schuldscheine sogleich erhalten, mein lieber Freund! sobald sie hier eingegangen seyn werden.

Schreiben des Königs.

Den 9. Febr. 1766.

Ich überschicke Ihnen, mein lieber Freund! einen kleinen Vorrath italienischer Trüffeln, und wünsche, daß sie Ihnen angenehm seyn, gut schmecken, und Ihren Appetit reizen mögen.

Ich warte hier geduldig in meiner Hütte auf das Frühjahr, denn die jetzige Jahreszeit ist uns alten Greisen nicht behaglich.

Erst im Frühjahr leben wir wieder auf, und vegetiren im Sommer. Der Winter hingegen mag für die muntere, lebhafte Jugend gut seyn, die Vergnügen dran findet, sich durch Schlittenfahren, und Schneeballen abzukühlen.

Leben Sie wohl, mein lieber Freund! ich wünsche Ihnen gute Gesundheit und alles, was die Annehmlichkeiten Ihres Lebens befördern kann.

Friedrich.

Schreiben des General Fouque.

Brandenburg, den 11. Febr. 1766.

Sire!

Ew. M. statte ich für die mir überschickten italiänischen Trüffeln den unterthänigsten Dank ab. Wer beide Gattungen gekostet hat, wird gestehen müssen, daß die einheimischen, die bei Magdeburg und Halberstadt gefunden werden, jene weit übertreffen. Vielleicht kommt das von der weiten Reise der welschen her.

Möchten Sie doch, Sire! lange — lange — das Beste auf der Welt genießen! denn wer verdient es so sehr, wie Sie?

Ich hoffe zuverläßig, E. M. werden mein jetziges Alter von 69 Jahren weit überschreiten, um so mehr, da die Landeckschen Bäder eine so merkliche Stärkung bei Ihnen bewürkt haben, daß Sie bei den Manövres so gut Kälte als Wärme vertragen können.

Ich meines Orts, Sire! verliere das Gehör, und es kostet mir Mühe, einen vernehmlichen Laut von mir zu geben.

Ihr treuester Diener macht sich allmählig zur großen Reise fertig. Bis dahin aber — wie lange es auch noch damit anstehen möchte — seyn Sie überzeugt, Sire! daß ich Sie mit der unverbrüchlichsten Ergebenheit und tiefsten Ehrfurcht bis auf den letzten Augenblick meines Lebens lieben werde.

Ich bin ꝛc.

L. M. Jonque.

Schreiben des Königs.

Den 16. Febr. 1766.

Ihr Brief, mein lieber Freund! betrübt mich. Sie sprechen von Ihrer Abreise, und wenn ichs könnte! so behielt ich Sie gerne so lange als möglich zurück.

Man findet überall Menschen, aber selten so rechtschaffne Leute und so treue Freunde — wie Sie.

Sorgen Sie so viel als möglich für Sich, damit ich Sie nicht so bald verliere, und denken Sie Sich die Kränkung, die ich empfinden würde, wenn ich mich auf immer von Ihnen getrennt sehen sollte.

Das schwere Gehör thut nichts zur Sache; man hat kleine Röhren, die solches erleichtern. Die verstorbene Madame Roconle hatte dergleichen, und ich werde Ihnen welche machen lassen, indem ich hoffe, daß die gute Witterung die Wiederherstellung Ihrer Kräfte begünstigen, und ich noch das Vergnügen haben werde, Sie bei mir in Sanssouci zu sehen,

Hiervon ganz überzeugt — bitte ich Sie, alle ersinnliche Sorgfalt für Ihre Erhaltung zu tragen, damit ich alsdann die Freude habe, Sie zu umarmen, und Ihnen Beweise meiner aufrichtigen Zärtlichkeit zu geben.

Leben Sie wohl.

Friedrich.

Schreiben des General Fouque.

Brandenburg, den 19. Febr. 1766.

Sire!

Ich bin außer Stande, auf Ihre Güte zu antworten, mein Herz schwimmt in Thränen, und Worte fehlen mir.

Mein einziger Trost und meine größte Wonne ist — daß Sie mich Ihrer Freundschaft würdigen. Wer bin ich aber, der ich so viele Gnade genieße? ein todtes Gerippe, wie Mephibojeth.

Empfindsame Seelen sind nicht gewöhnliche Eigenschaften der Fürsten, und wie geht es zu, Sire! der Sie alle übertreffen, daß die Ihrige so empfänglich für Freundschaft ist? um so höher schätze ich die Vortreflichkeit — die Größe — und den Werth — derselben; ja ich zweifle, Sire! und Gott sei Zeuge; ob es möglich seyn könne, Ihrer erhabnen Person ergebner zu seyn, als ichs bin.

Meine Lebenskräfte sinken zusehends, ich spreche wenig, weil man mich kaum verstehen kann, und bisweilen fehlt es mir an der Aussprache, wie dem verstorbenen General Rochow.

Vielleicht hilft der Frühling diesem Uebel noch ein wenig ab, und schaft mir noch einmal das einzige Glück — was ich in der Welt wünsche — Sie zu sehen.

Ich bin ic.

L. M. Fouque.

Schreiben des Königs.

Den 24 Febr. 1766.

Ich sehe wohl — Sie brauchen Stärkung, mein lieber Freund! Vor einigen Tagen kosteten wir alten Ungarwein von meinem Großvater, und man fand ihn gut. Ich setzte die Flasche weg, und schicke sie Ihnen. Es ist die letzte. Mögte sie Ihnen doch recht wohl bekommen!

Sollten Sie zu andern alten Weinen Belieben tragen, so sagen Sie mir nur ein Wort davon; ich habe deren von allen Gattungen, und mache mir ein wahres Vergnügen daraus, Ihnen damit zu dienen.

Ihre Erhaltung ist der Gegenstand meiner Wünsche. Ich umarme Sie von ganzem Herzen. Leben Sie wohl.

Friedrich.

Schreiben

Schreiben des General Fouque.

Brandenburg, den 2. Merz 1766.

Wie sehr Schade ist's nicht — Sire! und welcher Verlust für Sie, Sich des besten Weins zu berauben, und in Ihrem Geschmack so sehr vom St. Paulus abzuweichen! Dieser heilige Mann, der vermuthlich in seinem Alter einen schwachen Magen hatte, fand als ein guter Kenner, daß der alte Wein den Vorzug vor den jüngern verdiente.

Ob ich gleich dieser — von E. M. nicht angenommenen Meinung — beipflichte; so bleiben doch meine feurigsten Wünsche auf die Verlängerung Ihres theuren Lebens gerichtet.

Ich bin ic.

L. M. Fouque.

Schreiben des Königs.

Den 16. April 1766.

Ich schicke Ihnen — mein lieber Freund! einige Gartenfrüchte — die Erstlinge der Gärtnerei. Ich wünsche, daß sie Ihnen angenehm seyn, daß Sie solche bei guter Gesundheit genießen, und Sich dabei Ihres alten Freundes erinnern mögen.

Friedrich.

Schreiben des General Fouqué.

Brandenburg, den 17. April 1766.

E. M: dank' ich unterthänigst, für die mir überschickten Gartenfrüchte. Nur in Sanssouci findet man dergleichen frühzeitige Sachen.

Eben so sehr erfreut — Sie gesund zu wissen — Sire! als von Erkenntlichkeit über Ihr gnädiges Andenken durchdrungen — bin ich 2c.

L. M. Fouqué.

Schreiben des Königs.

Den 31. Mai 1766.

Mein lieber Freund! ich melde mich geradezu bei Ihnen an, so wie es die Rechte der Freundschaft verlangen, um übermorgen — nemlich den 2ten Junius — bei Ihnen die Mittagsmahlzeit zu halten.

Ich freue mich im voraus auf das Vergnügen, Sie, mein lieber Fouqué, zu umarmen — um eilf Uhr werd' ich bei Ihnen eintreffen.

Leben Sie wohl.

Friedrich.

Schreiben des Königs.

Den 5. Jul. 1766.

Ich überschicke Ihnen, mein lieber Freund! einige Früchte aus meinem Garten.

Bis hieher hab' ich viele Geschäfte gehabt. Gegenwärtig bin ich zwar allein, indessen werd' ich mir Ihren Besuch nicht eher ausbitten, als bis das Regenwetter wird vorüber seyn, indem die jetzige kalte Witterung Ihrer Gesundheit nicht zuträglich seyn möchte.

Haben Sie die Güte, mir die zu dieser kleinen Reise Ihnen bequemste Zeit offenherzig zu sagen, damit ich Ihnen meine Pferde entgegen schicken kann.

Leben Sie wohl, mein lieber Freund! ich umarme Sie, und werde das Vergnügen, welches ich von Ihnen erwarte, mit Dank erkennen.

Friedrich.

Schreiben des General Fouque.

Den 5. Jul. 1766.

Ich sage Ihnen den unterthänigsten Dank, Sire! für die mir übersandten vortreflichen Früchte.

So sehr mein Herz — über das gnädige Andenken, womit E. M. mich zu beehren geruhen — von Erkenntlichkeit durchdrungen ist, eben so nahe geht es mir, Sire! mich außer Stande zu sehen, Ihren Befehlen nachleben zu können.

Meine Lendenschmerzen lassen noch nicht nach, und erlauben mir nicht, von meinem Stuhl aufzustehen.

Ich hoffe, daß die gute Witterung das Uebel vertreiben, und mich so glücklich machen werde, meinem ehrfurchtsvollen Verlangen, mich E. M. zu Füßen zu legen, genügen zu können.

Ich bin ꝛc.

L. M. Fouque.

Schreiben des Königs.

Den 16 Jul. 1766.

Ich habe Ihnen zwar einen Arzt zugeschickt *), da ich aber weiß, daß Sie Sich dessen nur so obenhin bedienen, so übersend' ich Ihnen Melonen, mein lieber Freund! die vielleicht mehr nach Ihrem Geschmack seyn werden.

Der Arzt behauptet, daß Sie die Aderlaszeit übergangen haben, und daß eine kleine Verminderung Ihrer Blutmasse Ihnen viel Erleichterung verschaffen würde.

Niemand nimmt mehr Antheil an Ihrer Erhaltung als ich. Es wird Sie daher nicht befremden, daß ich mich so in das Umständliche Ihrer Gesundheitsangelegenheiten einlasse, und auf alles das meine Aufmerksamkeit richte, was die Lebensverlängerung meines alten treuen Freundes betrifft.

Leben Sie wohl, mein Lieber! ich umarme Sie.

Friedrich.

*) Herr Cothenius, den der König dem General Fouque zuschickte, wurde sehr gut aufgenommen und bewirthet, und ihm wenig Zeit gelassen, sich nach dem Befinden des Patienten zu erkundigen. Daher er mit dessen Folgsamkeit und Diät nicht recht zufrieden war.

Schreiben des General Fouqué.

Brandenburg, den 16. Jul 1766.

Blos Ihrer vielen Gnade, Sire! verdank' ich die Erleichterung meiner Beschwerden. Ich bediene mich der Bäder, die Ihr Arzt mir verordnet hat. Ich lasse jährlich zweimal zur Ader, nemlich den 15ten April und den 15ten Oktober; übrigens bezieh' ich mich auf den Geschmack des Publikums, indem ich den Kirschen und Melonen den Vorzug vor der Kassia — Senesblättern und Rhabarber — gebe.

Ich bin ꝛc.

L. M. Fouqué.

Schreiben des Königs.

Den 26. Sept. 1766.

Mein lieber Freund! da ich in Schlesien vernommen habe, daß Sie Ungarwein verlangen; so überschick' ich Ihnen welchen, nebst einigen Weintrauben, die Sie aber nur dann genießen müssen, wenn sie Ihrer Gesundheit nicht schädlich sind.

Ich hab' auch mekkaschen Balsam aus Konstantinopel verschrieben, weil ich vermuthe, daß der Ihrige wird verbraucht seyn.

Mit einem Wort, ich möchte gern alles, was nur in meinen Kräften steht, zu Ihrer Erhaltung beitragen. Begünstigen Sie dieses mein Vorhaben, mein Lieber! durch selbst eigne Sorgfalt für Ihre Gesundheit, damit ich das Vergnügen habe, meinen alten treuen Freund noch lange! lange! zu besitzen.

Leben Sie wohl!

Friedrich.

Schreiben des General Fouque.

Brandenburg, den 27. Sept. 1766.

Welche Sorgfalt hegen Sie, Sire! für einen Mann, der Ihnen nicht den mindesten Dienst mehr leisten kann!

Es ist nicht genug, daß E. M. mir Ungarwein und Weintrauben schicken, die in Absicht des Geschmacks sich unter einander um den Vorzug streiten; auch Asien soll noch dazu seinen Balsam hergeben!

Wie kann ich, Sire! die unendlichen Gnadenbezeugungen, womit Sie mich überhäufen, erwiedern? Mein Herz empfindet alle Regungen der Erkenntlichkeit, aber die Worte fehlen mir!

Ihre gnädige Sorgfalt allein, Sire! würkt auf meine Erhaltung; ohne Sie würd' ich vielleicht nicht mehr seyn.

Der Balsam giebt mir Kräfte; des ungarischen Weins werd' ich mich zur Stärkung meines Magens bedienen, und mich dabei den Freuden- und Lobgesängen für meinen unvergleichlichen Wohlthäter überlassen.

Welchen Schmerz für mich, Sire! mich außer Stande zu sehen, Ihnen durch meine Dienste den Eifer und die Ergebenheit beweisen zu können, mit der ich bin ꝛc.

L. M. Fouque.

Schreiben des Königs.

Den 17. Okt. 1766.

Endlich, mein lieber Freund! hab' ich etwas mekkaschen Balsam erhalten, den mir mein Minister aus Konstantinopel mitgebracht hat. Ich schick' ihn Ihnen, unter herzlicher Anwünschung alles nur möglichen daraus zu ziehenden Nutzens, woran, versichert, niemand mehr Antheil nehmen kann, als Ihr alter treuer Freund

Friedrich.

Schreiben des General Fouqué.

Brandenburg, den 17. Okt. 1766.

Sie begnügen Sich nicht, Sire! mir glückliche Tage gemacht zu haben; Sie suchen sie auch noch durch die gnädige Sorgfalt, die Sie für meine Gesundheit tragen, zu verlängern.

Unterthänigsten Dank, Sire! für den mir überschickten Vorrath von mekkaschen Balsam. Dieses vortrefliche Mittel wird mir als Herzstärkung und als Beweis Ihrer Gnade zum Labsal werden.

Ich bin ic.

L. M. Fouqué.

Schreiben des Königs.

Den 19. Dez. 1766.

Hier erhalten Sie, mein lieber Freund! ein Service von meinem Porzelan, welches Ihnen schon längst zugedacht war, aber der fehlenden Oefen wegen, nicht eher fertig geschaft werden konnte. Ich bitte, bedienen Sie Sich dessen; wenn es zerbricht, so kann ichs leichtlich ergänzen.

Gehaben Sie Sich wohl; leben Sie mir zum Trost, und geniessen Sie alles Wohlergehen des menschlichen Lebens. Dies sind die Wünsche Ihres ältesten und treuesten Freundes

Friedrich.

Schreiben des General Fouque.

Brandenburg, den 23. Dez. 1766.

Wenn es irgend ein Mittel giebt, meine Tage zu verlängern, so glaub' ich, daß E. M. das Geheimnis davon besitzen. Zum Beweis dient die Freude, die ich über das erhaltene schöne Geschenk von Porzelan empfinde. Gewiß, Sire! wenn man sich früh morgens des mekkaschen Balsams bedient; zu Mittage eine gutgewürzte Suppe aus Ihren schönen Terrinen genießt, und beim Nachtisch ein Glas von Ihren alten Ungarwein trinkt, so kann man es dabei wahrscheinlich sehr weit bringen.

Urtheilen E. M. selbst, wie lebhaft meine Erkenntlichkeit und Verpflichtung für alle Dero Gnade und Wohlthaten ist!

Da ich Ihnen zu gar nichts mehr tauge, Sire! so werd' ich meine Zeit dazu anwenden, Ihnen Lob und Ehre zu singen*) und die Wünsche meines Herzens für das Wohlseyn Ihrer erhabnen Person zum Himmel zu schicken.

Ich bin ic.

L. M. Fouque.

*) Dieser Ausdruck zielt auf des Herrn Fouque Domherrenamt.

Schreiben des Königs.

Den 18. Febr. 1767.

Ich überschick' Ihnen, mein lieber Freund! eine kleine Perigordsche Pastete. Möchte sie Ihnen doch angenehm, und es Ihrer Gesundheit nicht zuwider seyn, davon zu kosten!

Diejenigen, welche aus Brandenburg kommen, versichern einmüthig, daß Sie bei gutem Wohlseyn sind; doch sind Sie's gewiß nicht so sehr — als ich's wünsche, denn niemand nimmt mehrern Antheil an Ihre Erhaltung, als Ihr alter treuer Freund

Friedrich.

Schreiben des General Fouque.

Brandenburg, den 18. Febr. 1767.

Ich danke Ihnen unterthänigst, Sire! für die mir überschickte perigordsche Pastete. Sie ist gut kräftig, und an Haut-Gout fehlt es ihr warlich nicht. Soll indessen der Genuß einer Sache gut ausschlagen, so muß er gemäßigt seyn. Ich hoffe zuverläßig, E. M. werden solches ebenfalls beobachten.

Meine Gesundheit, Sire! ist freilich jetzt erträglich; Dank sei es der guten Witterung, die mir zuweilen einen Dachs oder Fuchs auszugraben erlaubt.

Indessen kann ich kein vernehmlich Wort mehr sprechen, und taumele im Gehen.

Nur auf einen Punkt steh' ich noch fest, nemlich auf der unverbrüchlichen Ergebenheit, mit der mein Herz Ihnen bis auf den letzten Hauch meines Lebens eigen bleiben wird.

Ich bin ic.

L. M. Fouqué.

Schreiben des General Fouque.

Brandenburg, den 4. Sept. 1767.

Ich hoffe, Sire! Sie werden Ihre Reise glücklich und vergnügt zurückgelegt haben. Ich vermuthe es aus dem Avancement, welches Sie zu machen geruhten, und der Antheil, den ich für den Obersten von Luck daran nehme, läßt mich hoffen, E. M. werden auch mit dem Regimente zufrieden gewesen seyn.

Das höchste Ziel meiner Wünsche, Sire! ist Ihre fortdauernde Gesundheit; vermuthlich werden Sie Sich nun, nach allen vollendeten Reisen und abgehaltenen Revüen, einige ruhige Tage schaffen, und Sich mit der Vorbereitung einer guten Aufnahme des Prinzen von Oranien beschäftigen, um das Werk durch eine prächtige Vermählung zu krönen.

Geruhen E. M. hierüber meine unterthänigsten Glückwünsche, und zugleich meine Danksagung für die in Ihrer Abwesenheit aus Sans-Souci genossenen Melonen, anzunehmen,

Ich bin ꝛc.

L. M. Fouque.

Schreiben

Schreiben des Königs.

Den 7. Sept. 1767.

Hier bin ich aus Schlesien zurück, mein Freund, wo ich Ihr Regiment sehr schön, und in guter Verfassung fand.

Jetzt steh' ich im Begrif, meine Nichte zu vermählen, und würde Sie gerne zur Hochzeit bitten, wenn ich nicht wüßte, daß Ruhe Ihnen lieber ist, als das Gewühl der großen Welt.

Ich umarme Sie herzlich.

Friedrich.

Schreiben des Königs.

Den 12. Nov. 1767.

Hier, mein lieber Freund! erhalten Sie mekkaschen Balsam — der so eben aus Konstantinopel ankam — Trauben von meinem Weinstock — und einige Flaschen von dem alten Rheinwein, den Sie so sehr lieben. Wenn Ihnen dies Freude macht, und Sie Sich damit erquicken — so ist mein Wunsch erfüllt.

Leben Sie — mein Bester! für Ihre Freunde, und besonders für mich — den Dujant von allen — der Sie bis in den Tod hochschätzen wird.

Friedrich.

Schreiben des Königs.

Brandenburg, den 13 Nov. 1767.

Die neuen Beweise Ihrer Gnade, Sire! und Ihrer auf die Erhaltung meines Lebens gerichteten Sorgfalt — rühren mich innigst.

Ich schätze mich für den Glücklichsten unter den Sterblichen, besonders wenn es einst der Vorsehung gefiele, die von E. M. mir im Leben erzeigten Wohlthaten zu bestätigen. Ich darf dies um so mehr von ihr erwarten, da ich ein Freund ihres Gesalbten bin, für dessen Wohlfahrt und Erhaltung meine Wünsche ohne Grenzen sind.

Ich bin und bleibe bis auf den letzten Augenblick meines Lebens ic.

L. M. Fouque.

Schreiben des Königs.

Den 23. Dez. 1767.

Mein lieber Freund! es wäre Unrecht, wenn ich Weihnachten vorbeigehen ließe, ohne Ihnen ein kleines Andenken zu schicken. Also hier etwas von meinem Porzelan — woraus Sie von der Zunahme meiner Fabrike urtheilen können — und dann Trüffeln — die so eben aus Turin kommen. Es soll mir lieb seyn, wenn Ihnen beides angenehm ist — wenn Sie gesund und vergnügt sind — und besonders — wenn Sie nicht vergessen — Ihren alten und treuen Freund

Friedrich.

Schreiben des General Fouque.

Brandenburg, den 30. Dez. 1767.

Zu nichts in der Welt mehr taugen, und dennoch der Gnade und Wohlthaten seines Monarchen theilhaftig zu seyn, ist eine Wonne, die sich nur in meinem Alter vollständig empfinden läßt.

Urtheilen Sie Selbst, Sire! wie erfreulich meinem Herzen Ihr Andenken und das damit verbundene schöne Weihnachtsgeschenk war!

Die Arbeit von Ihrem Porzelan ist bis zur größten Vollkommenheit gediehen, und übertrift an Schönheit und Geschmack alles übrige von der Art.

Die Trüffeln von Turin, Sire! taugen — meines Erachtens — nicht viel. Vielleicht hätten die aus Ihrem Lande — wenn man sie so weit verschicken wollte — eben das Schicksal.

Empfangen Sie zugleich, Sire! meine Glückwünsche zum neuen Jahr; die Ihre beständige Zufriedenheit und Wohlseyn zum Gegenstande haben.

Ich bin &c.

L. M. Fouque.

Schreiben des Königs.

Den 7. Jan. 1768.

Hier erhalten Sie, mein lieber Freund! die letzte Ehrenbezeugung — die ich einem Neffen erwies — den ich herzlich liebte *). Ich versichere Ihnen; es ist darin nichts übertrieben — sein Charakter und seine Kenntnisse waren wirklich so — wie ich sie hier beschrieben habe.

Ich werde Ihnen keine italienische Trüffeln mehr schicken. Vermuthlich versteht es Ihr Koch nicht, sie zuzubereiten; denn hier haben sie jedermann gut geschmeckt.

Leben Sie wohl — mein lieber Freund! Ich umarme Sie unter tausend Wünschen für Ihre Gesundheit.

Friedrich.

*) Diese Lobrede auf den Prinzen Heinrich, die den 30sten Dezember 1767. in einer außerordentlichen Versammlung der königl. Akademie der Wissenschaften zu Berlin abgelesen wurde — ist in der Voßischen Buchhandlung in Berlin zu haben.

Schreiben des General Fouque.

Brandenburg, den 8. Jan. 1765.

Das Absterben des Prinzen Heinrich hat mich — ohnerachtet ich ihn nur seiner äußern einnehmenden Gestalt nach kannte — äußerst gerührt.

Die Sorgfalt, Sire! die Sie auf die Erziehung dieses liebenswürdigen Prinzen verwandten — Ihre Hofnungen, die sich auf seine Verdienste gründeten — und das Lob, welches Sie ihm beilegen — sind Beweise Ihrer Freundschaft für Ihn — und seiner treflichen Eigenschaften. Mit einem Worte — Er war Ihr Werk.

Ich wohnte der auf Ihn gehaltenen Leichenrede in der Dohmkirche bei, wo man ein Lied sang, das mich bis zu Thränen rührte. Es war folgendes:

Das Grab ist da, die besten Jahre
sind auch des blassen Todes Raub.
Er legt den Schönsten auf die Bahre
und wirft den Stärksten in den Staub.
Die Grabschrift, die die Tugend grädt,
macht, daß man auch im Tode lebt.

Unersetzlich wäre der Verlust dieses liebenswürdigen Prinzen zu nennen, wenn E. M. — erlauben mir Dieselben diese Bemerkung — nicht geruhten, Ihre Sorgfalt für den Prinzen von Preussen zu verdoppeln, der durchgängig den Ruf der Rechtschaffenheit und aller übrigen hiermit verwandten Tugenden besitzt. Sie sind solches — Sire! Ihrem eigenen Ruhm — Ihrem Blute — dem Staate — und der Erkenntlichkeit schuldig, durch welche Sie Sich diesem Prinzen verbindlich machen werden.

Für das Exemplar des treflichen Werks, Sire! womit Sie mich beschenkt haben, sag' ich Ihnen den unterthänigsten Dank.

Ich bin 2c.

L. M. Fouqué.

Schreiben des Königs.

Den 26. April.

Mein lieber Freund! Ich habe vom General Kleist vernommen, daß Sie unpäßlich sind; ich schicke Ihnen daher meinen Arzt, um sich nach Ihrem Befinden zu erkundigen. Tausend Wünsche thu ich für Ihre Besserung, weiter reichen meine Kräfte nicht.

Wär' ich Arzt, so mögte ich Sie gerne gesund machen, und wär' ich Gott, so machte ich Sie unsterblich! denn das verdiente Ihre Rechtschaffenheit. Aber meine ganze Macht geht nicht weiter, als das Vermögen zu wünschen.

Steht hier etwas zu Ihren Diensten — nur ein Wort — so soll alles geschehn, was von mir abhängt. Sehnlich erwart' ich gute und angenehme Nachrichten von Ihnen.

Ich umarme Sie zärtlich. Adieu!

Friedrich.

Schreiben des General Fouque.

Brandenburg, den 27. April 1768.

Ohne — weder Gott noch Arzt zu seyn — Sire! so ist doch Ihre ausnehmende Güte würksam für mich. Besonders erquickt mich die Freude über Ihr gutes Befinden, dessen Fortdauer ich auf lange Jahre wünsche.

Ich meines Orts mache mich allmählig zur großen Reise fertig. Die China hat mich wohl jetzt vom Fieber befreiet; es fehlt mir indessen weiter nichts zur völligen Gesundheit, als hören, sprechen und gehen zu können.

Ich erinnere mich, den verstorbenen Herzog von Barby vor dreißig Jahren bei gleichen Umständen veranlaßt zu haben, sich der Lauchstädtschen Bäder bei Halle zu bedienen. Er ging auf zwei Krücken dahin, und kam vier Wochen darauf mit völlig wiederhergestelltem Gebrauch seiner Füße zurück.

Ich hätte wohl Lust die Probe nun an mir zu machen; wenn E. M. es mir erlauben wollten; doch würd' ich nicht eher dahin abgehen, als nach der Durchreise E. M. durch Brandenburg.

Ich bin ꝛc.

L. M. Fouque.

Schreiben des Königs.

Den 28. April.

Es war mir sehr lieb, aus Ihrem letzten Schreiben zu ersehen, daß es sich mit Ihrer Gesundheit bessert, und daß Sie gesonnen sind, Sich der Lauchstädter Bäder zu bedienen. Es steht in Ihrem völligen Belieben, dahin zu gehen, wenn Sie wollen. Nur sei es nicht zu der Zeit, wenn ich auf meiner Reise zur Magdeburgschen Revüe durch Brandenburg passiren werde; da ich denn doch gerne das Vergnügen haben möchte, Sie zu sprechen.

Ich bitte übrigens Gott, daß er Sie in seine heilige Obhut nehme.

Friedrich.

Schreiben des Königs.

Den 23 Okt. 1761.

Mein lieber Freund! Ich bringe Ihnen hier einen kleinen Tribut. Sehn Sie nicht auf die Summe, sondern nur auf das gefühlvolle Herz Ihres treuen Freundes, der Ihnen gerne ein kleines Vergnügen machen möchte.

Schonen Sie Sich, und werden Sie so alt, wie Methusalem. Ich bin mit Herz und Seele bis zu meiner Todesstunde der Ihrige.

Friedrich.

Schreiben des General Fouque.

Brandenburg, den 24. Okt. 1768.

Sire! wie kann ich auf alle Ihre Gnadenbezeugungen und Wohlthaten antworten! Die Ausdrücke fehlen mir für die Größe meiner Dankbarkeit.

Indessen, Sire! versichre ich Ihnen aufrichtig, daß alle Schätze, die Sie an mir verschwenden möchten, weniger Eindruck auf mich machen, als die gnadevollen Ausdrücke — mit welchen Sie solche zu begleiten geruhen.

Mein Herz sei Ihnen Bürge, Sire! für die unverbrüchliche Treue und Ergebenheit, mit der ich bis auf den letzten Hauch meines Lebens seyn werde 2c.

L. M. Fouque.

Schreiben des Königs.

Den 22. Dez. 1768.

Mein lieber Freund! hier erhalten Sie ein kleines Andenken von mir.

Es ist doch der Gebrauch in den Familien, auf Weihnachten einander kleine Geschenke zu machen, und ich sehe Sie für ein Mitglied meiner Familie an; eines Theils, als ein wackerer Ritter — ohne Furcht noch Tadel — andern Theils, als mein ältester Freund!

Sorgen Sie ja für Ihre Gesundheit, damit ich meinen alten besten Freund noch lange behalten, und noch oft das Vergnügen haben möge, Sie mündlich von meiner Zärtlichkeit und Hochachtung zu versichern.

Friedrich.

Schreiben des General Fouque.

Brandenburg, den 24. Dez. 1768.

Das Vergnügen meiner Kinder über ihre Weihnachtsgeschenke war bei weitem so groß nicht, als das meinige über das von E. M. empfangene; und über die gnädige Versicherung Ihres Andenkens.

Warum kann ich doch nicht so viel Güte nach Würden erwiedern? Nur Gedanken und Wünsche bleiben mir dazu übrig, die um so aufrichtiger sind, da sie aus treuergebnem Herzen kommen.

Meine Sprache ist kaum mehr verständlich, und das Gehör verläßt mich. Ich suche daher in Berlin ein kleines Rohr, wie Madame Roscoule hatte, um diesen Mangel, wenns angeht, einigermaßen zu ersetzen; aber bis jetzt war meine Mühe vergeblich.

Ich bin ꝛc.

L. M. Fouque.

Schreiben des Königs.

Den 9. Jan. 1769.

Ich überschicke Ihnen hier, mein lieber Freund! alle mögliche Gehörwerkzeuge, die ich hier habe auftreiben können, nebst den Anweisungen zu ihrem Gebrauch. Möchten Sie doch Ihrem Gehör aufhelfen, und den Beschwerden Ihres Alters einige Erleichterung schaffen!

Könnt' ich Sie verjüngen, so thät ichs gerne; aber das übersteigt meine Kräfte.

Ich umarme Sie von ganzem Herzen.

Friedrich.

Schreiben des General Fouqué.

Brandenburg, den 12. Jan. 1769.

Wenn es irgend ein Mittel in der Welt gäbe, mir zu helfen, so könnt' ichs sicher von E. M. Gnade erwarten.

Ich sage Ihnen den unterthänigsten Dank Sire! für die mir überschickten Instrumente. Die beiden größten thun die gehofte Wirkung. Die Probe davon werd' ich in der Kirche machen, und dabei zugleich für das Wohlergehen meines erhabnen Wohlthäters beten.

Ich bin ıc.

L. M. Fouque.

Schreiben des General Fouque.

Brandenburg, den 5. Sept. 1769.

Erlauben E. M. daß ich Ihnen meine Freude über Ihre glückliche Zurückkunft aus Schlesien und über den merkwürdigen Besuch bezeuge, den Sie von S. M. dem Kaiser zu Neisse erhielten; dies bleibt ohnstreitig eine merkwürdige Begebenheit in Ihrer Geschichte.

Ich wünsche sehr, daß alles zu E. M. völligen Zufriedenheit ausgeschlagen seyn möge, und daß dieser junge nach Unterricht begierige Prinz nicht allein Ihren militairischen Talenten Gerechtigkeit wiederfahren lassen, sondern auch die von Ihnen jetzt empfangenen Kenntnisse nie, wie ehemals die Russen, wider Sie, als seinen Lehrmeister, gebrauchen möge.

Ich bin ꝛc.

L. M. Fouque.

Schreiben des Königs.

Den 7. Sept. 1769.

Mein lieber Freund! ich danke Ihnen für den Antheil, den Sie an meinem erhaltenen Besuch nehmen. Der junge Kaiser ist ein sehr verdienstvoller — ehrbegieriger Prinz, der, gleich einem meiner nächsten Verwandten, mir mit aller möglichen Freundschaft begegnete. Er versicherte mir sogar, er würde von dem, was er bei uns lernen möchte, nie, weder gegen mich, noch gegen die Meinigen Gebrauch machen. Sehr vergnügt reiste er wieder ab, und bat mich aufs künftige Jahr um einen Gegenbesuch, den ich ihm auch, wie billig, versprach.

Ihr Regiment fand ich sehr schön, und in guter Verfassung, so wie überhaupt alle diese Truppen jetzt in so gutem Stande sind, daß nichts, als ihre Erhaltung zu wünschen übrig bleibt.

Mit einem Wort, ich habe alle Ursach, mit meiner Reise ganz zufrieden zu seyn.

Ich schicke Ihnen, mein Freund! anbei Früchte aus meinem Obstgarten; denn was haben wir in unserm Alter besseres zu thun, als unsre Gärten anzubauen?

Ich umarme Sie herzlich, und bin ganz der Ihrige.

Friedrich.

Schreiben des General Fouque.

Brandenburg, den 8 Sept. 1769.

Mit dem größten Vergnügen, Sire! vernehm' ich, daß Sie so wohl von Ihrer Reise, als von dem Besuch des Kaysers, völlig zufrieden sind. Mein einziger Wunsch und Trost bleibt jetzt noch Ihre fortdauernde gute Gesundheit.

Für die mir überschickten schönen Gartenfrüchte sage E. M. den unterthänigsten Dank; und bin ꝛc.

L. M. Fouque.

Schreiben des Königs.

Den 29. Dezemb.

Mein lieber Freund! Sie erhalten hier ein kleines Andenken zum neuen Jahr, aus meiner Pörzelanfabrike, die sich zusehends vervollkommt. Mögte es Ihnen doch einiges Vergnügen machen. Ich wünsch' es, aus Liebe für Sie, als einen tapfern Ritter und meinen ältesten Freund.

Der Ihrige mit Leib und Seele.

Friedrich.

Schreiben des General Fouque.

Brandenburg, den 29. Dez. 1769.

Ich dank' Ihnen unterthänigst, Sire! für das mir gnädigst überschickte Neujahrsgeschenk. Die Schönheit Ihres Porzelans nimmt täglich zu, und scheint anjetzt, sowohl in Absicht der Zeichnung, als der Weisse, aufs höchste gestiegen zu seyn. Am meisten rührt mich das gnädige Andenken, womit E. M. mich beehren, dagegen das Wohlseyn und die Erhaltung Ihrer erhabenen Person der Gegenstand meiner wärmsten Wünsche bleibt.

Ich bin 2c.

L. M. Fouque.

Schreiben des Königs.

**Den 6. Mai,
am Tage der Prager Bataille.**

Hier schick' ich Ihnen, mein lieber Freund! alten Ungarwein, um sich damit — an dem Tage, da Sie vor dreizehn Jahren so gefährlich verwundet wurden, etwas zu gute zu thun.

Ich habe das Podagra gehabt; das hat mich diesmal durch drei Anfälle an beiden Füßen und im Knie sehr gemißhandelt. Doch, das ist schon vergessen.

Wir exerciren immer frisch weg, und ich gehe meinen Weg fort, so lange nur noch ein Hauch Leben in mir ist.

Mögten Sie doch auch so gesund seyn, wie ichs wünsche, und von der Zärtlichkeit und Hochachtung, die ich für Sie empfinde, Sich überzeugt halten.

Friedrich.

Schreiben des General Fouque.

Brandenburg, den 7. Mai 1772.

Sire! Für den alten Ungarwein, den Sie mir zur Gedächtnißfeier der Prager Bataille zu schicken die Gnade hatten, statte ich meinen unterthänigsten Dank ab. Da meine Organen täglich schwächer werden, so soll er mir zur Stärkung dienen. Ihre Wiederherstellung wirkt auf die meinige. Die traurige Erfahrung hat Sie schon gelehrt, dem Uebel durch gutes Verhalten zu wehren.

Ich wünsche Ihnen, Sire! eine beständige und gute Gesundheit, um bis ans Ende dieses Jahrhunderts exerciren zu können.

Ich bin ꝛc.

L. M. Fouque.

Schreiben des Königs.

Den 24. Dec. 1770.

Mein lieber Freund! Hier haben Sie ein kleines Merkmal meines freundschaftlichen Andenkens, welches Sie hoffentlich von den Händen Ihres ältesten und treuesten Freundes willig annehmen werden.

Ich wünsche, daß das neue Jahr Ihnen Stimme, Gesicht und Gehör wiederbringen möge. Lieben Sie mich ferner ein wenig, und bleiben Sie meiner Freundschaft und Hochschätzung versichert.

Leben Sie wohl!

Friedrich.

Schreiben des General Fouque.

Brandenburg, den 24. Dez. 1770.

Sire! ich bin unendlich durch den abermaligen Beweis Ihres gnädigen Andenkens gerührt, und es schmerzt mich sehr, so viel Gnade unmöglich erwiedern zu können. Nur durch Wünsche kann ich's — die aufrichtigsten, die je gethan wurden — und durch Versicherungen — daß die Ueberzeugung von Ihrem Wohlseyn mein einziger Trost und Labsal in meinen kränklichen Umständen ist; diese nehmen täglich zu, ohne mir einige Hoffnung zur Besserung zu lassen.

E. M. dank' ich unterthänigst für das mir gnädigst überschickte schöne Porzellan, welches alles übertrift, was ich jemals davon gesehn habe.

Ich bin &c.

L. M. Fouque.

Schreiben des General Fouque.

Brandenburg, den 23. Sept. 1771.

Erlauben E. M. daß ich Ihnen meine Freude über Ihre glückliche Zurückkunft aus Schlesien bezeuge, mit dem herzlichen Wunsch, daß Sie diese Reise gesund und vergnügt zurückgelegt haben mögen.

Für das auf E. M. Befehl während Ihrer Abwesenheit mir zugekommene herrliche Obst, dank' ich unterthänigst und bin ec.

L. M. Fouque.

Schreiben des Königs.

Es ist mir lieb, mein bester Freund! daß das Obst Ihnen angenehm war; in dieser Absicht wurde es Ihnen geschickt, da ich ohnehin vermuthete, daß es in diesem Jahre bei Brandenburg daran fehlen möchte.

Ich komme aus Schlesien zurück, wo ich zwar viel Arbeit fertig fand, wo aber noch viel zu thun übrig bleibt.

Ihr Regiment wird nun sehr schön; doch was soll ich Ihnen davon sagen? es würde Ihnen bei Ihren schwächlichen Umständen nur ein schmerzliches Andenken verursachen, und das muß man Ihnen ersparen.

Leben Sie wohl, mein lieber Freund! behalten Sie mich lieb, und bleiben Sie versichert, daß ich von allen Ihren Freunden — nicht nur der älteste — sondern auch der treueste bin.

Friedrich.

So war das Leben dieses Mannes — der Genuß eines langen Sommertages, dessen Last und Hitze er größtentheils an der Seite, oder in den Freundesarmen — Friedrichs des Einzigen — treu der Pflichterfüllung seines erhabenen Berufs — ertrug, bis, am Abende dieses thatenvollen Tages, Alter und körperliche Entkräftung ihn zur Einsamkeit und Ruhe abriefen.

Er hatte 66 Jahre dem Staat und dem Könige in Gefahren des Krieges und unter Geschäften des Friedens aufgeopfert, als er sich aus dem Geräusche der großen Welt entfernte, und nach Brandenburg ging.

Hier empfing ihn seine Dohmprobstei; die frömste Einsiedelei — dem ruhmvollen Pilger von seinem königlichen Freunde zubereitet — nicht müßig, sondern nur einsam zu seyn.

Dahin trat er hinüber aus dem Wirbel der Unruhen, aus dem weitern Wirkungskreise — nicht aus Sehnsucht nach träger Ruhe — denn überallhin folgte ihm sein thätiger Geist ungeschwächt! — nicht aus Ueberdruß an geselligen Freuden — denn seine Freunde folgten ihm nach! Bedürfniß der Natur — Alter und Entkräftung bestimmten die Wahl der Einsamkeit und Ruhe.

Hier wechselte er Geschäfte und Zeitvertreib nach dem Maaß seiner überbliebenen Kräfte. An ein ruhmvolles thätiges Leben gewöhnt, und geboren zum hohen Beruf, Theilnehmer der Sorgen und Thaten Friedrichs zu seyn, war er vielleicht nie größer, als in jener Stunde, wo er sich den Gesetzen und Einschränkungen der Natur freiwillig unterwarf.

Immer sich gleich, trug er die Leiden, die ihm dahin folgten, mit unaussprechlicher Seelengröße, und überstand selbst die verkümmerten Tage der Sprachlosigkeit ohne Kleinmuth.

Winke waren da seine Befehle, und welcher Untergebner empfing sie nicht mit Ehrfurcht und Unterwerfung?

Er liebte die ländliche Stille, und ein kleines Sommerhaus im nahen Walde war sein Aufenthalt in den Morgenstunden der Sommertage.

Seine Tischgesellschaft bestand aus seiner Familie und einigen Freunden.

Er schätzte Männer von Verdiensten und Geist, und war gleichgültig gegen isolirte Vorzüge einer höhern Geburt.

Die Abendstunden waren vorzüglich der Lektüre, und die ersten und letzten Stunden jedes Tages dem Gottesdienste geweiht. Auch den öffentlichen versäumte er nie, selbst dann nicht, wenn er Friedrichs Gast war, und Friedrich — wer fühlt hier nicht die Größe des Einzigen? — Friedrich hielt ihn nie davon ab.

Fouqué auch von dieser Seite weit über den seichten Höfling erhaben, genoß auch für seine Religionsgefühle die Achtung seines königlichen Freundes und für seine gereinigten Grundsätze den Beifall des Weltweisen von Sanssouci.

Diese Religionsübungen waren nicht Andächtelei, nicht feige Zuflucht eines trostlosen Alters. Schon in frühern Jahren war die Religion seine treue Gefährtin. Als Befehlshaber und Staatsmann überließ er sich ihrem Unterricht, und veredelte durch sie die Erfüllung jeder Pflicht. Durch sie — bei der er sich in jeder erkargten Stunde von Geschäften des Krieges und Friedens erholte — gewann er jene unbiegsame Entschlossenheit — jenen unbezwinglichen Muth — jene über alles erhabene Freimüthigkeit. Durch sie war er streng in seinem Beruf, nachsehend und liebreich in seinem Privatleben. Er übte im weitesten Umfange das Gebot aus: Gebet dem Könige, was des Königs ist, und Gotte was Gottes ist.

Diese Religion war es aber auch, die ihn mit Selbstbeherrschung und innerm Seelenfrieden belohnte. Sie erleichterte ihm die Last seines kraftlosen Alters — versüßte ihm die natürliche Bitterkeit des Todes, dessen Annäherung er unmittelbar fühlte. Frühlingsdämmerung war ihm der anbrechende Morgen jenseit des Grabes, und sein Hinwelken vom Vorgefühl künftiger Seligkeiten begleitet, zu deren Genuß er sich als Weiser und Christ vorbereitete.

Aus dieser Quelle flossen auch die Handlungen seines Privatlebens, über deren größeren Theil seine fromme Bescheidenheit den undurchdringlichsten Vorhang warf. So frei von kleinlicher Eitelkeit und Großsprecherei wie er, war so leicht kein Mann seiner Größe. Wo sind die öffentlichen Blätter, die er zu Herolden der Belohnungen Friedrichs aufrief, oder in Sold nahm? und der Belohnungen größeste — Friedrichs Freundschaft und dieser Briefwechsel — wem verlautbarte er sie?

Fouqué

Fouque lehnte sein umlorbeertes Haupt unbemerkt und sanft an seine Trophäen. Zufrieden mit dem edlen Selbstgefühl seiner Würde und seines Werths, verschmähte er jeden niedern Kunstgriff der Ruhmredigkeit — jedes Opfer feiler Lobrednerei.

So waren auch die Wohlthaten, die er reichlich spendete, mehr die wirthschaftliche Vertheilung des Ueberschusses, der ihm anvertrauet war, als die Almosen eines prahlsüchtigen Verschwenders.

Vielleicht muß ich es seinem bescheidenen Schatten abbitten, daß ich einige der wenigen Züge hinwerfe, denen ich zu nahe war, als daß sie mir unbemerkt bleiben konnten. Sie sind kein vollendetes Gemälde des Menschenfreundes; sie sind einzelne Bruchstücke, nur hingeworfen zur Beschämung des Schmähsüchtigen, der sich aus Privatrache verleiten ließ, das Ehrendenkmal dieses großen Mannes mit seinem Geifer zu besudeln.

Als Friedrich einst beim General Fouque in Brandenburg das Mittagsmahl hielt, bezeigte der König seine Unzufriedenheit mit einem gewissen Regiment, und drohte den Kommandeur

wegzujagen. Keiner der anwesenden Generale
wagte es, zu widersprechen; Fouqué allein un-
ternahm es. „Sire! — sagte er — Sie ver-
„kennen den Mann. Er hat im letztern Kriege
„unter meinem Kommando gestanden, und gut
„gedient." Der König fühlte den Werth dieses Zeugnisses, und der Oberste erhielt bald darauf ein Regiment.

Eben dieser Oberste war kurz vorher mißmu-
thig und im Begriff, seine Entlassung zu for-
dern. Er war ein Mann, der, außer seiner
persönlichen Bravour, keine vorstechende militairische Talente, und — kein Vermögen besaß.
„Thun Sie das nicht, schrieb ihm Fouqué, und
„exerziren Sie fleißig. Der König kann Sie
„entbehren, aber wo nehmen Sie Brod her,
„wenns Ihnen der König nicht reicht. —

Ein Offizier, der kein Edelmann war, wurde
dieserhalb beim Avancement übergangen. Er
beklagte sich darüber beim General Fouqué —
und erhielt die Antwort: „Sie verdienen geadelt,
„aber nicht Ihrer unadlichen Geburt wegen zu-
„rückgesetzt zu werden." — Der Offizier legte
diese Antwort dem Kön'ge vor, und dieser ließ
ihm Gerechtigkeit wiederfahren.

Ein Beispiel noch, von der Art seiner Wohlthätigkeit im bürgerlichen Leben, statt mehrerer.

Der französische Prediger Durant in Brandenburg suchte beim General Fouque ein Anlehn von 200 Rthlr. für eine Nothleidende aus seiner Gemeinde, auf eine sichere Hypothek.

„Ich leihe kein Geld auf Hypotheken aus," sagte der General, und Durant ging mißvergnügt von ihm. Bald darauf rief er seinen Sekretair, frug nach den Umständen der L. D**, und nachdem er sich überzeugt hatte, daß sie Unterstützung verdiente, befahl er dem Sekretair, der Hülfsbedürftigen, die 200 Rthlr. als ein Geschenk auszuzahlen, die er auf Hypothek und Zinsen dem Prediger versagt hatte. „Was „würden ihr die 200 Rthlr. helfen, setzte er „hinzu, wenn sie mir selbige zurückzahlen „müßte?"

Bei eben dieser Person entstand einst unvermuthet Feuer. Der General war eben an der Tafel, als der Vorfall, und zugleich, daß alles schon gelöscht sei, gemeldet wurde. Mit den Gesetzen bekannt, frug der General — Wird die arme D** auch bestraft? hat sie Kosten? — Ohnfehlbar war die Antwort. — So bringen

Sie ihr 20 Rthlr. erwiederte er, damit sie sich mit der Gerechtigkeit abfinden könne.

Kurz vor seinem Tode bot ihm ein königlicher Prinz eine ansehnliche Summe für die Abtretung seiner Probstei. Damals fühlte er schon sein nahes Ende, und doch schlug er den Gewinn von wenigstens 40000 Rthlr. für seine Familie aus. „Diese Präbende, — schreibt Fouque „dem Prinzen — ist mir, als eine Wohlthat „meines Königs, viel zu schätzbar, als daß ich „sie veräußern sollte. Bitten Sie den König „um die Anwartschaft darauf. Er wird sie „Ihnen nicht versagen, und ich werde Sie nicht „lange darauf warten lassen."

So dachte Fouque am Rande des Grabes; ein 76jähriger Greis!

Im Junius 1773 kam der König nach Brandenburg, und speisete beim General Fouque. Er war äußerst gerührt über den kränklichen Zustand, in dem er seinen Feldherrn und Freund fand. Mit der zärtlichsten Theilnehmung warf er sich zu seinem Arzt auf, und sann auf Stärkungsmittel, die er ihm vorschlug. Er ermahnte die Bedienten, äußerst aufmerksam auf die Pflege ihres Herrn zu seyn; Er erinnerte sich dabei der schönen That des treuen Trauschke, der seinen Kopf einst zur Rettung seines Generals dem Feinde hingab, nannte ihn das Wunderthier Schlesiens, und versprach ihm Belohnung.

Friedrich ahndete, daß diese Umarmung seines Freundes die letzte auf dieser Welt seyn würde, und sie war es!

Rührender war kein Schauspiel, als diese Trennung. Sie mußte gesehen und gefühlt werden, und daher weiter kein Wort davon.

Die Entkräftung des General Fouque nahm zu, und jede körperliche Bewegung, die bis dahin zu seiner Erhaltung mitwirkte, hörte auf. Seine Krankheit war übrigens nicht schmerzhaft, und seine Diät blieb unverändert. Von frühe an war er angekleidet, fortdauernd beschäftigte er seinen Geist, und das Andenken an den König und seine Wohlthaten waren seine einzige Erquickung.

In dieser Lage erreichte er das 77ste Jahr. Bald nach dem Eintritt in selbiges äußerte er das Vorgefühl seines nahen Todes — auf eine Art, die den Christen und den großen Mann bezeichnet. Hier ist sie:

Es war an einem Sonntage, als er nach geendigtem Gottesdienste, dem er in der französischen Kirche beiwohnte, nahe am Altar seine Begräbnißstelle wählte.

Den Morgen darauf ließ er das Grab einrichten, ordnete alles, und traf selbst Vorkehrungen, daß künftig die Gemeinde von seiner Verwesung nichts empfinden sollte.

Bald nach der Besorgung des Grabes, bestellte er seinen Sarg. Er war eines Tages ungewöhnlich lebhaft und aufgeräumt, as mit gutem Appetit, und freute sich der Theilnehmung an seinem Wohlbefinden. Nach der Tafel ließ er seine Bedienten abtreten, und befahl mir, den Sarg für ihn zu bestellen. Dieser unerwartete traurige Befehl eines Mannes, den ich als einen Vater lieben durfte, brachte mich aus aller Fassung. Er beruhigte mich — versicherte mir, daß sein Ende nahe sei — machte noch einige Anordnungen, und ich befolgte seinen Willen.

Als der Sarg fertig war, ließ ich ihn zur Nachtszeit in ein unbewohntes Zimmer bringen, und meldete ihm solches bei seinem Erwachen.

Kaum war er angekleidet, so ließ er sich hinführen — besah den Sarg mit ruhigem Blick — entblößte sein graues Haupt — setzte sich auf den Sarg und ließ sich das Lied vorlesen:

„Das Grab ist da, hier steht mein Bette,
„Wo ich den Tod umarmen soll ꝛc.

Noch seh ich ihn vor mir — den ehrwürdigen Greis — den Ritter ohne Furcht und ohne Tadel — in dieser heiligen Stellung, und seine Hausgenossen um ihn, die ihre thränenden Augen verhüllten; unauslöschlich bleibt diese Szene meinem Gedächtniß eingeprägt.

Nachdem Fouque sein Haus bestellt hatte, so begab er sich aller Geschäfte, und überließ sich blos der Vorbereitung zum letzten Augenblick.

Den 28sten April 1774 ward er äußerst schwach, und genöthigt, die Gesellschaft seiner Familie, die eben zur Mittagstafel bei ihm versammlet war, zu verlassen, und sich zur Ruhe zu begeben.

Am 29sten April wurde die öffentliche Kommunion auf sein Verlangen in seinem Zimmer gehalten, an der seine Familie und verschiedene andere Mitglieder der französisch-reformirten Gemeinde Theil nahmen. Nach dieser feierlichen Handlung segnete er eben so feierlich seine Kinder, und nahm von denen Anwesenden den letzten Abschied.

Ruhig erwartete jetzt der sterbende Fouqůe sein Lebensende; eben so ruhig — als unerschrocken er ehemals den Tod fürs Vaterland zu sterben bereit war.

Am 2ten Mai erwachte er mit dem anbrechenden Tage — betete — stand auf — ließ sich wie gewöhnlich weiße Wäsche anlegen, und legte sich wieder zu Bette.

Der Vorleser wollte eben eine Morgenandacht anfangen, als der Freiherr von Thonalboutonne ins Zimmer trat, und sich nach dem Befinden des Vaters erkundigte. Er bat sich zugleich die Erlaubniß aus, diesmal vorlesen zu dürfen. Fouqué erlaubte es ihm, druckte ihm traulich die Hand, drehte sich seitwärts — und entschlief.

Ich weiß keinen Ausdruck, der den Uebertritt dieses großen Mannes zu den Unsterblichen näher bezeichnete.

Sein Tod war kein Kampf mit der widerstrebenden Natur. Sie entließ ihn zum Triumph, den sie seinen Tugenden zu bewilligen schien.

Friedrichs Scharfblick übersah keine Gefahr und — vielleicht war dies ein Charakterzug seiner originellen Größe! ahndete keinen Verlust! Er hatte Fouque sterbend gesehen, und ahndete die schmerzliche Trennung nicht. Vorbereitet war sein erhabner Geist auf das Grab seines Feldherrn, aber sein königliches Herz war nicht vorbereitet auf den Verlust seines Freundes. Die Nachricht von dem Tode seines Fouque erschütterte ihn Einzig als Freund; Einzig als König feierte er den Heimgang des Feldherrn durch den militairischen Pomp des Begräbnisses, den er selbst festsetzte, und den Verlust seines Freundes, durch Wohlthaten, die er seinen Hausgenossen spendete. Lange war Fouque sein Lieblingsgespräch bei der Tafel, und wer Friedrichs Beharrlichkeit kennt, wird leicht überzeugt seyn, daß seine zärtlichste Zurückerinnerung an Fouque nur bei der Wiedervereinigung mit ihm aufhörte.

So lebte Fouque! so starb er! und so ruht sein frommes Gebein, von Friedrichs und seinen

Lorbeern zugedeckt, im Palmenhain, den tausend Zeugen seiner Heldengröße und — die Verwaiseten, deren Wohlthäter Fouqué war, um seine Gruft pflanzten.

Gern wird die späteste Nachwelt an seinem Denkmahl weilen, und dem Zeugniß der Wahrheit beipflichten — daß Friedrich, der Einzige vieler Jahrhunderte — und Fouqué ein seltner Mann war.

Noch etwas vom Orden der Ritter Bayards.

Kronprinz Friedrich stiftete in Rheinsberg jenes Pantheon, wo er mit seinen Vertrauten der Gelehrsamkeit — Kriegskunst und Freundschaft opferte.

Hier bildete sich sein großer Geist zu der erhabenen Bestimmung unnachahmlich zu seyn. Nicht zufrieden, dies als Monarch — Held — Weltweiser — und Staatsmann zu seyn, strebte er auch dahin — als Mensch größer als irgend einer — zu seyn. Sein königlich Herz fühlte unter geselligen Freuden den Werth der Tugend. Er — den das edelste Selbstgefühl eigner Größe über niedern Neid und Eifersucht erhob — ehrte das Andenken großer Männer, die ihre Thaten durch Biederherzigkeit veredelten, und stellte sie in den Zirkel seiner Freunde als Beispiele auf.

Diese Ehre wiederfuhr dem edlen Ritter Peter du Terrail, genannt Bayard — dessen Name in der Geschichte Frankreichs am Ende des 14ten und Anfange des 15ten Jahrhunderts berühmt ist.

Tapferkeit — Biederherzigkeit und Frömmigkeit waren seine Lieblingstugenden. — Durch sie erwarb er sich den Beinamen des Ritters ohne Furcht und ohne Tadel. Er that Wunder der Tapferkeit! Von ihm erhielt König Franz I. nach der glorreichen Schlacht bei Marignon den Ritterschlag auf dem Schlachtfelde. Er war ein Beschützer der Tugend, und sein Privatleben ist reich an Charakterzügen seiner Vortrefflichkeit. Er wurde im Jahr 1524 auf dem Rückzuge aus dem Mayländischen beim Uebergange über den Fluß Sessia tödlich verwundet, und starb unter einem Baum am Wege den schönen Tod fürs Vaterland. Seine Asche ruht zu Grenoble unter einem Stein, worauf die Worte eingegraben sind: *Ci gît Bayard* (hier liegt Bayard).

Das Andenken dieses biedern Ritters ward von Friedrich geehrt. Er stiftete einen Orden nach den Grundsätzen des Bayards. Ein auf einen Lorbeerkranz ruhender Degen war das Sinnbild des Ordenskreuzes. mit der Umschrift — *Sans peur & sans reproche.* Die Genossenschaft dieses Ordens bestand aus zwölf Rittern, darunter Friedrich — seine Brüder — die Herzoge Ferdinand von Braunschweig — und

Wilhelm von Bevern — noch einige andere angehende Helden — und Fouque als Großmeister waren. Von ihm — den Friedrich als einen Bayard ehrte — nahm er den Ritterschlag an.

Jeder Ritter erhielt bei seiner Aufnahme in diesen Orden einen besondern Namen; als — le Chaste — le Gaillard — le Sobre &c.

Friedrich führte den Beinamen le Constant.

Außer der Ausübung der gewöhnlichen Ritterpflichten, arbeitete diese erhabene Gesellschaft an die Vervollkommnung der Kriegskunst; stellte Betrachtungen über bedenkliche Gegenstände der Taktik an; studierte die Feldzüge und Operazionen der alten und neuern Helden; sammelte sich Kenntnisse jenen Schatz von militairischen Problemen, dessen Fouque in einem Briefe erwähnt, den er in seiner Gefangenschaft an den Herzog von Bevern schrieb.

Hierher gehören vermuthlich die Betrachtungen über die Art und Weise mit den Oesterreichern Krieg zu führen, die der König im Dezember 1758 dem General Fouque vorlegte; desgleichen die Betrachtungen über die militairischen Eigenschaften Karl XII, die er ihm im Januar 1760 zuschickte.

Dies ist alles, was ich von diesem bisher unbekannt gebliebenen militairischen Orden weiß. Einige Briefe, die ich in den Papieren des Generals aufgefunden habe, mögen zur Erläuterung und Bestätigung dieser kurzen Nachricht dienen. Vielleicht beehren mich manche meiner Leser mit Beiträgen zur Ergänzung meiner Bruchstücke. Ich bitte darum, und es soll mir Pflicht seyn, davon zum Gewinnst des Ganzen Gebrauch zu machen.

Fait en la Cité de Berlin
l'an de grace 1745.
le 3 de Décembre.

A très-hault & très-puiffant, très-preux & très-hardi Chevalier le Chafte, Grand-Maître de très-noble & très-illuftre Ordre des Chevalier Bayard — Sans peur & fans reproche.

Salut, contentement & lieffe!

Ce fut en la bonne ville de Croffen que nous reçumes Votre très-chère miffive & à icelle adjointes de très-belles & magnifiques pancartes, par lesquelles nous conftituez & proclamez Chevalier Bachelier de Vos ordres. Ce qui grand heur, honneur & lieffe nous fait.

Mais d'autant qu'en icelui tems, nous étions giffant en notre lit, affaillis par une maladie fort périlleufe & certes moult incommode, qu'on appelle petite vérole, (dont prions Dieu qu'il veuille préserver Votre personne, & de tout mal qui peut avoir icelle dénomination) or donc à ces causes avons remis jusqu'à la fin de notre pérégrination & arrivement en la cité de Berlin, à répondre à Votre courtoisie & gentillesse.

Maintenant donc, que nous nous trouvons parfaitement restitués en notre première santé, ni plus ni moins que si n'eussions point été alité, nous ne pouvons obmettre de Vous remercier de Votre dite courtoisie & bénévolence, Vous promettant & donnant notre parole, que nous efforcerons de tout notre pouvoir, à nous montrer un bon, féal & loyal Chevalier, en protégeant les gentilles & honêtes dames de nos respectables ordres, & en menant les bandes de notre cher & bien-aimé frère le Constant à travers les harquebusades & canonades sans crainte d'être occis ou atteint par aucun coup ou meurtrissure quelconque.

Surquoi

. Surquoi nous prions Dieu, très-cher compagnon qu'il vous ait en sa bonne & digne garde.

Le Gaillard Chevalier Bachelier.

Dieser im alten Ritterstyl geschriebene, aus der Feder eines eben so großen, als liebenswürdigen Prinzen geflossene Brief, würde durch die Uebersetzung verlieren. Man hat ihn also unverändert gelassen.

———

Herzog von B. L. Bevern — an Fouque.

Der Ritter vom goldenen Köcher ermangelt nicht, bei dem gegenwärtigen Jahreswechsel seine Pflichten gegen seinen Erlauchten Großmeister zu erfüllen.

Ew. Excellenz werden, sowohl in Absicht meiner, als der übrigen Mitglieder des Ordens, Sich zu überzeugen geruhen, daß die Erhaltung und das Wohlergehen Ihrer Person — beständige Gegenstände unsrer wärmsten Wünsche sind; und uns erlauben, Ihnen solches jährlich wenigstens einmal — sollte es auch im Innersten Kroatiens seyn — schriftlich bezeugen zu dürfen.

Gerechter Himmel! wer hätte es vor 7 oder 8 Jahren vermuthen sollen, daß die edle Genossenschaft sobald getrennt, und ihre Mitglieder unter so vielerlei Himmelsstriche versetzt werden sollten. Beinahe hätte der unterzeichnete Ritter Ew. Excellenz diesen seinen Glückwunsch von einem andern Ende Europens, nehmlich von Lissabon her abgestattet; dagegen ein in diesem Jahre sich ereigneter Vorfall mir bald Gelegenheit verschaft hätte, Ihnen solches am andern Ende der bewohnbaren Welt mündlich und persönlich zu leisten. Unser Ordenssekretair, der gute ehrliche Schweizer machte sich schon darauf gefaßt, mit von der Parthie zu seyn. Da letzterer aber ein — trotz dem Schelterhausen — eifriger Calvinist ist, und ersterer von einer calvinischen Mutter abstammt, so war die absolute Prädestination darwider. Wir thun es also jetzt von Reichenbach aus — der ehemaligen Winterresidenz unsers geliebten und würdigen Chefs. Ew. Excellenz bitten wir übrigens versichert zu seyn, daß sowohl der Unterzeichnete, als ein Theil Ihrer alten hier befindlichen Hofstaat — imgleichen ein alter Freund des Mollinisten Z... täglich an Sie denken, von Ihnen sprechen, und sehnlich nach Ihrer glücklichen Wiederkehr verlangen. Wir schmeicheln uns aber auch eines geneigten Andenkens von Ihrer Seite, und sind ohne Ausnahme mit der ausgezeichendsten Hochachtung und Freundschaft

Ew. Excellenz

Reichenbach,
den 30. Dez. 1762.

ganz gehorsamster Diener.
Wilhelm, Herz. v. B. L. Bevern,
im Namen des ganzen Ordens,
als Deputé perpetuel.

Fouqué an den Herzog v. B. L. Bevern.

Dem biedern und tapfern Ritter vom goldnen
Köcher unsern Gruß!

Gnädiger Herr!

Glauben Ew. Durchl. ohne weitere Betheuerungen, daß ich seit drei Jahren, als ich zu Brünn Ihr gnädiges Schreiben erhielt, kein wahres Vergnügen empfunden habe, als beim Empfang Ihres letztern. Vortreflicher Prinz! welch' ein seltner Mann sind Sie, der Sie Sich von so lange her Ihres alten Dieners, aber auch eines treuen und eifrigen Freundes erinnern, der mitten in Kroatien vergraben und von der Gesellschaft ehrlicher Leute so weit entfernt ist. Urtheilen Sie Selbst, durchlauchtiger und tapfrer Ritter vom goldnen Köcher! wie erfreulich mir Ihr Pfeil war! Wahrlich, viel schmeichelhafter, als jener, welchen Jonathan Ihrem sel. Vetter David zuschickte.

Ich erkenne und segne die Rathschlüsse der Vorsicht, welche Sie von dem vorgehabten Zuge in jenes Land der Auto da Fe's — jenseits des Meers, zurückgehalten hat; wodurch Sie der in der Nähe erfochtenen Lorbeern verlustig gegangen wären...

Sie können Sichs nicht denken, geliebter und würdiger Ritter, wie groß — wahrhaft und herzlich der Antheil ist, welchen ich an allen Ihren Angelegenheiten nehme.

Erlauben Sie mir, gnädiger Herr, allen, deren Sie in Ihrem Schreiben erwähnen, und welche die Ehre haben, zu Ihrem Gefolge zu gehören, meinen herzlichen Gruß abzustatten; den Sekretair des Ordens und den hinkenden Freund des Z... nicht zu vergessen.

Haben Sie die Gnade, dem erstern in meinem Namen den Auftrag und die Vollmacht zu ertheilen, unsere militairische Probleme aus der Verlassenschaft des verstorbenen Königsmark in Empfang zu nehmen, im Fall derselbe nicht etwa gar diese herrlichen Monumenta eifersüchtiger Weise mit sich ins Grab genommen haben sollte.

Sonach, tapfrer Ritter! wolle die Vorsehung Ihnen eine dauerhafte Gesundheit verleihen, und Ihre sich immer gleichbleibende glückliche Gemüthsstimmung ungestört erhalten. Niemand wird sich dessen mehr erfreuen, als derjenige, der, wie ich, mit Liebe, Hochachtung und Verehrung — die Ehre hat zu seyn

Ew. Durchlaucht

Karlstadt in Kroatien,
den 3. Febr. 1763.

ganz gehorsamster Diener,
L. M. Fouque.

Ich schmeichle mir, daß meine Entfernung nicht eine Landesverweisung bleiben wird, und ich bald das Vergnügen haben werde, Sie zu umarmen.

E n d e.

Verbesserungen im ersten Theil

Seite 6 Linie 16 anstatt diese lies dieser
— 7 — 4 — Vorgänge lies Vorfälle
— 15 — 16 — zunehmen lies zu richten
— 18 — 4 — längs der lies längs den
— 5 — 15 — durch Kanonenfeuer lies durch das Kanonenfeuer
— 5 — 25 — nachdem lies und nachdem
— 23 — 5 — Cjiralcky lies Cjiracky
— 24 — 23 — unsers lies unsers jetzigen
— 39 — 6 — sein Leben zu enden lies sein Leiden zu enden
— 41 — 24 — vor einem lies vor einer
— 81 — 12 — stärksten Ladung lies stärkern Ladung
— 83 — 23 — zu den Barbaren lies gegen die Barbaren
— 106 — 7 — von Glatz lies nach Glatz
— 139 — 19 — von Cotillon lies vom Cotillon
— 143 — 15 — lasse sie lies lasse ich sie
— 225 — 3 — den Posten lies der Posten

Verbesserungen im zweiten Theile.

Seite 68 Linie 18 anstatt es besessen hat lies sie besessen hat
— 100 — 3 — denen er lies welche er
— , — 4 — den Misbrauch lies des Misbrauchs
— , — 5 — die Unterschlagung lies der Unterschlagung
— 101 — 12 — den lies dem
— , — 18 — ihm lies ihn
— 128 — 21 — Hippokrat lies Hippokras
— 132 — 2 — 1763 lies 1764
— 133 — 23 — Refugier lies Refugier
— 166 — 8 — für Ihnen lies für Sie
— 168 — 7 — an mein lies an meinem
— 186 — 1 — welchen lies welcher
— 195 Ueberschrift, lies: Schreiben des General Fouque
— 228 Linie 18 anstatt Fonque lies Fouque
— 237 — 11 — an die Vervollkommnung lies der Vervollkommnung
— , — 15 — jenen Schatz lies und jenen Schatz

www.ingramcontent.com/pod-product-compliance
Lightning Source LLC
Chambersburg PA
CBHW031354230426
43670CB00006B/539